名品 할머니 육아

워킹맘과 할머니가 함께 읽는
명품 할머니 육아

초판 1쇄 인쇄일 2011년 11월 10일
초판 1쇄 발행일 2011년 11월 15일

지은이 | 인선화
담당편집 | 양춘미, 양성미
마케터 | 박혜화
디자인 | 이은희

소란

주소 | 서울 종로구 청운동 114-1번지 4층
전화 | 02-357-5885
팩스 | 02-359-5885
이메일 | booksoran@naver.com
블로그 | booksoran.blog.me

발행처 (주)케이앤피북스
발행인 | 박준자
등록번호 | 제300-2011-120호
홈페이지 | www.knpbooks.co.kr

ⓒ케이앤피북스(2011)
ISBN 978-89-6420044-5 (13590)

소란은 케이앤피북스(K&P BOOKS)의 단행본 브랜드입니다.

워킹맘과 할머니가 함께 읽는 名品
할머니 육아

하나뿐인 내 손주 똑소리 나게 키워보세요!

"내가 젊었을 적에 아들, 딸을 키울 땐 몰랐어요. 선생님 덕분에 알면서도 놓쳤던 것들을 다시 배울 수 있었어요. 정말 고마워요."

'할머니 육아교실' 강사 생활을 하며 가장 보람을 느끼는 순간은 할머니들이 강의가 끝나고 주름진 손으로 제 손을 꼭 잡아주시며 고맙다고 인사할 때입니다.

시대가 많이 달라져 맞벌이 부부들이 늘어나면서 아이를 맡길 곳이 없어지고 있습니다. 직장을 다니는 딸, 며느리들이 늙은 부모에게 손을 내밀 수밖에 없는 상황이지요. 그에 따라 손주를 떠맡는 할머니들도 늘어나고 있습니다. 덩달아 '할머니 육아교실'도 많이 열리고 있어서 할머니들은 달라진 육아법을 새로 공부하고 서로 정보도 공유해간답니다. 얘기를 들어보면 할머니들은 손주를 맡으면서 걱정이 많습니다. 자신의 옛날 육아 방식이 젊은 엄마들에 비해 뒤처지는 것은 아닐까, 늙었다고 아이들이 싫어하지는 않을까 항상 노심초사하는 것이지요.

그러나 며느리나 딸들이 기왕에 믿고 맡긴 이상 사랑스러운 손주를 제대로 한 번 키워보는 것은 어떨까요? 육아를 할머니들의 '희생'이라고 생각하기보다는 '제2의 자아실현'의 계기로 삼는 것입니다. 아이와 함께 책도 읽고 비디오도 보면서 자신의 정신건강에도 도움을 받는 것이

지요. 요즘에는 이렇게 긍정의 에너지를 받아 오히려 즐겁게 아이들의 '매니저'이자 '멘토'를 자청하는 할머니들이 늘어나는 추세입니다.

남을 배려할 줄 알며 마음이 곱고 반듯한 아이로 키우려면 할머니의 도움이 꼭 필요합니다. 그만큼 할머니의 가르침이 인성적인 측면에서 매우 중요하다는 것인데요. 할머니는 삶 자체가 숙성되어 있기 때문에 아이들에게 사랑과 따뜻한 정을 나눠줄 수 있습니다. 따스함과 푸근함으로 편안하게 다가갈 수 있는 할머니의 육아는 어느 젊은 부모들도 흉내 낼 수 없는 것이지요.

이 책은 여태껏 엄마나 아빠를 위한 육아 책은 많았지만 실제로 육아를 담당하는 할머니를 위한 육아 책은 부족하다는 점에 착안하여 만들어졌습니다. 오로지 예비 할머니들을 위해 예비 할머니의 관점으로 집필한 책입니다.

1장에서는 며느리와 딸과의 육아 갈등을 어떻게 풀어나가야 효과적인지 구체적으로 설명해줍니다. 사례를 통해 며느리와 딸의 마음까지 살짝 엿볼 수 있도록 하여 입장을 바꿔서 생각해볼 수 있도록 구성하였습니다. 또한 아기를 키운 지 30년도 넘은 할머니들은 간단한 육아상식도 가물가물해진 경우가 많습니다. 이런 기본적인 육아상식들을 2장에 풀어냈습니다. 3장에서는 잘못된 육아 상식과 달라진 육아법 등을 바로잡는 실용적인 육아정보를 담았습니다. 마지막 4장, 베이비 마사지 파트에서는 상세한 사진과 설명을 곁들여 할머니도 쉽게 따라할 수 있도록 만들었습니다. 이 책을 통해 할머니들이 육아에 자신감을 얻을 수 있게 되었으면 좋겠습니다.

양가 부모님과 곁에서 큰 힘이 되어준 남편, 사랑하는 예림이, 영준이에게 이 책을 바치고 싶습니다. 아무것도 몰랐던 철부지 딸이 어느덧 성장해 며느리, 아내, 엄마로 살 수 있어서 정말 행복합니다. 더불어 항상 격려를 아끼지 않았던 '국제에듀평생교육원' 본부장님과 선생님들, '국제지식인협회' 선생님들, 육아 강의 때마다 후원해주신 '아토후' 사장님께도 감사의 말씀을 전합니다. 마지막으로 황혼까지 육아 전선에서 고생하시는 모든 할머니들에게 이 책을 바칩니다.

인 선 화

목 차

프롤로그 _ 004

1장 자식들에 대한 안쓰러운 마음에 맡게 된 황혼 육아 _ 011

사례 • 슈퍼우먼이 되고 싶은 직장녀의 육아 전쟁기 _ 012
- 드디어 할머니가 되다 _ 014
- 눈에 넣어도 아프지 않을 손주라고요? _ 018
- 요즘 육아는 달라서 어려워, NO! _ 020
- 육아 고민을 날려 버리는 마음가짐 _ 023
- 육아 방식 갈등 해결 방법 _ 026
- 며느리와의 갈등 해결 _ 030
- 딸과의 갈등 해결 _ 032

같이 해보세요 • 육아 원칙 세우기 _ 034

2장 기본 육아 상식 _ 037

사례 • 한 숟가락 밥 덩어리가 불러일으킨 사고 _ 038
- 옛날과 다른 요즘 아이들의 면역력 _ 040
- 우리 손주의 성장 상태 잘 알기 _ 042
- 개월별 성장 체크 _ 044
    - 0~3개월 아이
    - 4~12개월 아이
    - 12~36개월 아이
- 아기 행동 속에 숨은 뜻과 신호 _ 051

- 전쟁을 치르는 식사 시간 _ 058
- 세 살 버릇 여든까지 간다 _ 061
- 안 자고 버티는 아이 _ 063
- 손주의 천성은 변할 수 있다 _ 065
  손주 성격 파악하기
  할머니는 아이의 거울이다
  신뢰감 형성이 답이다

같이 해보세요 · 애착 발달 놀이 _ 072

3장 실제 육아 적용 _ 075

사례 · 우리 아이의 끈질긴 아토피 퇴치기 _ 076

- 누구보다 소중한 우리 손주 건강관리법 _ 078
  태열과 아토피
  그 외 건강관리법
  꼭 알고 맞춰야 하는 예방접종
  매일 물고 빨아 대는 장난감 소독 어떻게 하나?
  건강한 나들이를 위하여
  아기를 위한 가정상비약
  우리 아이 예쁜 젖니 만들기
- 무엇보다 중요한 아이의 먹을거리와 위생 _ 094
  할머니가 꼭 지켜야 할 위생관리
  모유의 보관과 해동
  젖병에 기름이? 분명히 제대로 닦았는데
  분유의 모든 것

목 차

    이유식 먹이기
- 할머니가 만족하는 아이 수면 훈련 _ 106
      우리 아이 수면 자세
- 우리 손주, 어떤 기저귀가 좋을까? _ 113
      기저귀 발진 대처방법
- SOS! 아이가 아플 때 _ 118
      열이 많이 날 때
      변비와 설사에 대처하는 자세
      초보 할머니 눈물 쏙 빼는 구토
      병원을 너무 무서워하는 아이
      우리 아이 약 먹이기 걱정 끝!
      갑자기 아픈 아이, 어떡하죠?
      할머니도 할 수 있는 응급처치
- 올바른 배변 습관 길들이기 _ 133
      배변 훈련 준비
      배변 훈련이 필요해요
      변 색깔로 보는 아이 건강
      아이 변에 대한 오해와 진실
- 할머니들, 아이를 어떻게 업으면 덜 힘들까? _ 144
- 개월별 특징과 장난감 선택 요령 _ 147
- 우리 손주 교육 문제 _ 150
      아이의 첫 '교육기관' 잘 고르기
      어린이집에 안 가려는 아이
      영양가 있는 TV 프로그램 선택법
      책은 어떻게 읽어줄까?
- 우리 아이 목욕 시키는 요령은? _ 160

- 아이가 상처받지 않는 훈육이란? _ 163
- 아이의 성격을 좌우하는 할머니의 양육태도 _ 166
- 음악으로 아이 안정시키기 _ 169
- 속설! 이제 이것만은 제대로 알고 가자 _ 171

같이 해보세요 • 개월별 이유식 만들기 _ 174

4장 할머니가 해도 문제없는 베이비 마사지 _ 177

사례 • 할머니 손은 약손 _ 178

- 베이비 마사지란? _ 180
  베이비 마사지의 유래
  마사지는 언제 해줘야 할까?
- 마사지 & 요가 테크닉 _ 184
  성장발달에 좋은 다리 마사지
  소화기능을 튼튼히 하고 변비해소를 돕는 복부 마사지
  호흡기를 튼튼히 하고, 감기 예방에 좋은 가슴 마사지
  소근육 발달 & 집중력을 향상하는 팔 마사지
  바른 자세를 돕고 오장육부를 튼튼히 하는 등 마사지
  우리 아이 예쁜 얼굴을 만드는 얼굴 마사지
  몸 풀기에 좋은 베이비 기본 요가
  키 쑥쑥 성장 발달에 좋은 베이비 심화 요가
  기분 좋은 한방 경혈 마사지

요즘에는 불임 가정도 많다는데 '떡'하니 자식을 낳아 안겨주니

이보다 기쁜 일이 어디 있겠느냐마는 아이를 맡게 될 생각에 부담이 밀려오는 것도 사실이다.

그러나 육아에 대한 마음가짐을 바꿔본다면 할머니들도 누구보다 잘해낼 수 있다.

하나뿐인 내 손주를 똑소리 나게 키워보자!

1장

자식들에 대한 안쓰러운 마음에 맡게 된 **황혼 육아**

슈퍼우먼이 되고 싶은 직장녀의 육아 전쟁기

저는 분당에 살고 있는 결혼 2년 차 새댁이에요. 달콤한 결혼생활을 꿈꾸며 시작했지만 막상 결혼을 하고 나니 '이게 정말 현실이구나.' 싶은 생각이 들어요. 아이를 낳고 힘들 것이라 예상은 했지만 정말 이 정도일 줄은 몰랐거든요. 요즘은 외식은커녕 잠깐 밖에 나가는 것도 어려워요. 일을 안 하는 날에도 오로지 아이한테만 매달려 있죠. 직장생활, 가사, 육아 세 가지를 모두 하려니 제가 슈퍼우먼도 아니고 하루하루가 전쟁이네요. 그래서 베이비시터에게 아이를 맡길까도 생각해봤지만 거기에 들어가는 돈도 만만치 않으니 경제적인 부담도 되고요. 오죽하면 '직장생활을 그만두고 집에서 아이를 돌보며 살림만 할까?' 하는 생각까지 들까요?

결국 이 모든 스트레스가 폭발해 남편과 크게 다투게 됐어요. 그런데 어머님께서 이 사실을 아시고 저를 부르시더라고요. '분명히 혼내시겠지.'라고 생각하며 잔뜩 긴장한 채로 갔는데 의외로 다독여주셨습니다. 또한 앞으로 아이를 맡아서 키워주겠다고 하시는 겁니다. 저는 순간 눈물이 왈칵 쏟아졌어요. 혼자서 직장생활, 가사, 육아를 모두 감당해왔던 지난 세월이 파노라마처럼 스쳐 가는 느낌이었거든요. 그만큼 어머님께 감사했어요. 그때부터 어머님이 육아를 도맡아주시기 시작했습니다.

솔직히 처음에는 마냥 좋기만 했습니다. 출근할 때 아이를 맡기면 퇴근할 때까지 봐주시니 안심하고 일할 수 있었거든요. 남한테 맡기면 아무래도 불안한 마음이 들 수밖에 없잖아요? 그런데 어머님은 친정어머니만큼 편하진 않지만 그래도 믿고 맡길 수 있어서 마음이 든든했어요. 그런데 그것도 잠시, 하나

둘 갈등이 생기기 시작하더라고요.

　어머님은 아이에게 음식을 오물오물 씹어서 주세요. 그 광경을 처음 보게 된 날, 저는 속상한 마음을 감출 수가 없었어요. 면역력이 약한 아이에게 여러 가지 균을 감염시킬 수 있어 절대 그렇게 해서는 안 된다고 말하고 싶었지만 차마 그러지 못하겠더라고요. 당혹스러워 하는 저를 눈치 챘는지 어머님께서는 "옛날에는 다 이렇게 먹었어. 너희 남편도 그렇게 해서 키웠다."라고 말씀하시는 겁니다. 하지만 요즘 시대가 어떤가요? 식생활 수준도 높아지고 하물며 이유식 만드는 기구도 다양해졌잖아요. 굳이 이런 방법을 쓸 필요가 없는데도 아직까지 전통 육아 방법을 고집하는 어머님을 볼 때마다 조금 답답해요.

　어머님과 저의 육아 방식이 달라서 속상했던 일은 이것뿐만이 아닙니다. 며칠 전에는 갑자기 아이에게 열이 심하게 나서 황급히 아이의 옷을 벗기고 물수건으로 온몸을 닦으며 열을 식히고 있었죠. 그런데 이 모습을 본 어머님은 열이 나는 아이는 무조건 땀을 빼야 한다며 열이 펄펄 끓는 애를 이불로 꽁꽁 감싸는 거예요. 열나는 아이를 이불로 꽁꽁 싸매는 민간요법은 과거에 열나는 전염병이 많던 시절의 지혜일 뿐인데 말이죠. 그 모습을 보면서 '이대로 계속 아이를 맡기는 게 옳을까?' 하고 혼란스러웠어요.

　어머님과 육아방법에 대한 견해차가 있다 보니 육아를 맡기고는 있지만 신경이 계속 쓰일 수밖에 없네요.

드디어 할머니가 되다

며느리나 딸의 임신 소식을 듣게 되면 어느덧 내 자식이 이렇게 컸는지 마음이 뿌듯하다. 아직도 내 눈에는 어린아이 같은데 벌써 한 아이의 엄마, 아빠가 된다니 생각만 해도 감회가 새롭다. 모든 할머니에게 그렇겠지만 손자, 손녀는 자식과는 또 다르게 느껴진다.

영국 최고의 육아전문가로 수십 명의 손자, 손녀를 둔 미리엄 스토퍼드는 『인생의 오후 사랑할 시간입니다』라는 책에서 손자, 손녀의 탄생에 대한 기쁨을 이렇게 표현했다.

"나는 이렇게 나이가 들어서도 사랑이라는 감정에 또다시 가슴 뛰게 되리라고는 전혀 예상하지 못했다. 하지만 내 딸의 임신 소식을 듣는 순간 나는 내 가슴이 심하게 두근거리는 것을 들었고, 머리부터 발끝까지 짜릿한 전율을 느꼈다. 그리고 비로소 깨달았다. 이것이야말로 내게 인생이 준 최고의 선물이라는 것을……."

눈에 넣어도 아프지 않을 만큼 소중한 존재인 손자, 손녀를 가진 며느리나 딸이 기특하여 무엇이든 해주고 싶은 마음이 굴뚝 같을 것이다. 하지만 뱃속에 있는 아기를 위해 엄마가 아닌 할머니로서 무엇을 준비해야 좋을까?

사실 며느리나 딸의 임신 소식을 기쁨으로 맞이하는 것부터가 할머니의 역할이 시작됐음을 알리는 신호탄이다. 센스 있는 할머니가 되기 위해서 무엇이든 해주고 싶은데, 막상 부딪치면 무엇을 어떻게 해야 할지 난감하기만 하다. 며느리나 딸도 첫 자식을 맞이하며 허둥대는 것처럼 할머니들도 첫 손주이니 그럴 수밖에! 남들처럼 물건을 사주자니 마음에 안 들 수도 있고, 또 돈으로 주자니 정성이 없어 보일까 걱정이다. 자, 지금부터 '센스 있는 할머니' 소리를 듣기 위한 첫 걸음마를 시작해보자. 다음은 임신 소식을 축하하기 위한 여러가지 방법과 그에 따른 장단점이다.

직접 선물하는 방법

직접 선물을 골라서 주는 방법이다. 예를 들어 손주 옷을 사주게 되면 아이가 그 옷을 입을 때마다 "이 옷은 할머니가 사주신 거야~"라고 며느리나 딸이 말할 것이다. 그러면 손주는 할머니, 할아버지를 자연스럽게 떠올릴 수 있게 된다. 손주의 선물을 직접 고르면서 앞으로 태어날 손주에 대한 사랑이 더 커질 수도 있다. 그러나 치수가 맞지 않는 등의 문제가 있을 수 있으므로 **새 옷을 한 번 빨아간다거나 상표를 떼서 가는 일은 없어야 한다.** 이 방법의 단점은 만약 교환을 하게 되더라도 다소 번거로울 수 있고 집에 있는 용품과 중복될 수도 있다는 점이다. 또 선물을 눈에 띄게 사용하지 않으면 은근히 속이 상할 수 있다. 그렇기 때문에 선물을 같이 사러 가는 것도 현명한 방법이다.

현금으로 주는 방법

차라리 현금으로 주는 방법도 좋다. 아이가 태어나면 부모가 알아서 필요한 용품을 자신들 취향에 맞게 살 수 있으므로 가장 보편적인 방법이기도 하다. 또한 할머니, 할아버지에게는 물건을 사러 가는 수고와 고민을 덜어준다. 깨끗한 봉투에 담아서 한마디 덕담이라도 적어준다면 직접 고른 선물만큼이나 감동을 받을 수 있다. 그러나 이 방법은 현금을 어떤 용도로 사용했는지에 대한 구분이 없어 아이 선물을 사라고 준 돈을 부모가 개인적으로 사용해도 모른다는 단점이 있다.

카드를 빌려주는 방법

온라인과 모바일 환경이 익숙한 요즘 부모 세대들에게 현금 대신 카드를 주어 필요한 것을 사게 하는 방법도 있다. 아이에게 필요한 용품을 마음껏 사게 해줄 수 있고 어디서 무엇을 샀는지 상세내용도 알 수 있으므로 실용적이다. 그러나 금액에 제한이 없어 충동구매가 생길 수 있다는 단점이 있다. 요즘 은행에는 충전식 신용카드도 판매하므로 충동구매가 우려된다면 일정 금액을 적립한 기프트 신용카드를 건네보자.

하지만 무엇보다 좋은 선물은 시부모님과 부모님이 주시는 응원과 격려다. 필자의 경우에도 시부모님께서 장차 태어날 아이를 위해 해주신 특별한 말이 가장 기억에 남는다.

"뱃속의 아기를 위해 넉넉한 마음을 가져야 한다. 엄마의 마음이 바뀌면 장차 태어날 아이의 마음까지도 넉넉해지게 되는 법이다."

부모로서 어떤 마음가짐으로 새 생명을 맞이해야 하는지 알 수 있어서 더욱 기억에 남고 아직도 마음이 뭉클해진다.

보통 초보 할머니, 할아버지들은 임신 소식을 접하면 육아관련 서적, 태교에 좋다는 CD, 산

모 몸에 좋은 영양제 등 돈으로 살 수 있는 가장 좋은 선물들을 바리바리 싸들고 오는데 사실 그것보다 더 좋은 건 따뜻한 말 한마디란 점을 잊지 말자. 돈을 주고 산 어떤 선물보다 값진 따뜻한 '사랑'이야말로 할머니, 할아버지만이 줄 수 있는 최고의 선물이다.

눈에 넣어도 아프지 않을 손주라고요?

요즘에는 불임 가정도 많다는데 '떡' 하니 자식을 낳아 안겨주니 이보다 기쁜 일이 어디 있겠느냐마는 아이를 맡게 될 생각에 부담이 밀려오는 것도 사실이다. 자식들이 직장생활에 힘들어 하는 것도 알고 무엇보다 맞벌이를 하지 않고서는 어렵다는 형편도 잘 알고 있지만 덥석 육아를 맡아주기엔 고민부터 생긴다. 또 이런 고민은 굉장한 부담으로 작용한다.

물론 요즘에는 할머니, 할아버지가 손주를 맡아주는 경우가 늘고 있지만 아이를 돌본 지 오래돼 옛날 방식의 전통 육아법도 가물가물할 뿐만 아니라 자신의 육아법이 딸과 며느리를 만족시킬 수 있을지 걱정도 앞선다. **'아이는 낳기만 하면 알아서 큰다'**라는 말은 옛말이 된 지 오래다. 특히 이유식이나 젖 떼는 시기, 기저귀 채우는 방법 등이 옛날과는 많이 달라졌다. 이런 상황들이 기다리고 기다리던 손주 소식을 걱정거리로 만드는 것이다.

물론 여유로운 노년을 보내는 것도 좋겠지만 육아를 맡아보는 것도 보람된 일이 될 수 있다. 자식을 키워본 노하우가 있기 때문에 이 책에서 말하는 새로운 정보까지 더해지면 금세 프로다운 할머니가 될 것이다. 아이 때문에 발목 잡혔다는 생각보다는 **뭔가를 이뤄보겠다는**

적극적인 관점으로 바라보면 분명 지금까지 느끼지 못했던 열정과 에너지를 맛보게 될 것이다.

　더 이상 걱정도 하지 말자. 딸과 며느리는 아이를 키워본 경험이 없는 초보일 뿐이고 그들이 알고 있는 육아법은 인터넷이나 책에서 배운 것이 전부일 테니까 말이다. 하지만 할머니들에게는 그들에겐 없는 삶의 지혜와 연륜이 있다. 그뿐만 아니라 손주에게 너그럽고 온화한 성품과 안정된 정서를 선물할 수 있고 노련한 경험을 바탕으로 응급상황도 유연하게 헤쳐나갈 수 있는 능력이 있다. 이제 이 책에서 강조하는 며느리와 딸들의 입장을 이해한다면 누구보다 잘해낼 것이다. 자, 내리사랑에도 연습이 필요한 법이다. 하나뿐인 내 손주를 똑소리 나게 키워보자!

요즘 육아는 달라서 어려워, NO!

편히 쉬면서 인생의 황혼기를 즐겨야 할 시기에 손주들의 양육을 맡게 되면 적잖은 걱정과 부담이 생긴다. 아들, 딸을 결혼시켜 겨우 한숨 돌리나 했더니, 손주들 소식까지 들려오니 외면할 수가 없다. 자식들이 한 푼이라도 더 벌어 열심히 살아보겠다고 애쓰는 걸 보면서 어찌 매몰차게 외면할 수 있을까? 가뜩이나 맞벌이, 저출산 등으로 경제도 어렵다는데 딸이나 며느리를 위해서라도 노년의 행복을 내놓는 게 '희생'이 아닌 '도리'로 인식되는 요즘이다.

황혼의 문턱에 다다르면 그동안 못했던 여행이나 봉사 활동을 하며 살림에서 해방될 수 있을 줄 알았고 복지회관이나 노래교실에 다니며 마음 편하게 여생을 즐기리라 마음도 먹었을 것이다. 하지만 현실은 손주 때문에 꼼짝도 할 수 없으니 뒷산을 오르는 것마저도 꿈같은 이야기가 되었다.

노년의 행복을 포기해가며 막상 손주를 키워보려고 해도 할머니들은 고민이 많다.

'다 늙어 손주들이 냄새난다고 싫어하지 않을까?'

'잔소리 많다고, 대화가 통하지 않는다고 싫어하지 않을까?'

그러나 몇 가지 변화된 육아 상식들을 인식하고 위생에 조금 더 신경을 쓴다면 할머니도 엄마 못지않게 훌륭한 육아주체가 될 수 있다.

예를 들어 손주랑 같이 놀이터에 나갔을 때 자유롭게 뛰어 놀라는 의미에서 방치하는 할머니들이 있는데 그러면 위험하다. 아이들은 흙이나 모래를 만지던 손으로 눈을 비비다가 입에 넣기도 하고 심지어 그 손으로 과자를 집기도 하기 때문이다. 그 옛날, 자식들이 흙에서 뒹굴면서 자랐는데도 특별히 아픈 데도 없이 건강하게 잘 컸다고 반박하는 분들도 있을 것이다.

그러나 분명히 말하건대 오늘날의 환경은 흙바닥에서 뒹굴던 그 옛날처럼 깨끗하지 않다. 하지만 할머니들은 이런 환경의 변화를 인식하는 게 쉽지 않다. 그러나 요즘에는 놀이터 모래에도 알레르기나 간질 등의 병을 유발하는 세균들이 득실득실하다. 심지어 시력을 해칠 수 있는 회충 알이 다량 검출되기도 했으니 주의해야 한다.

민간요법도 너무나 무분별하게 사용되고 있다. 할머니들은 아이가 화상 입은 데에 된장을 바르기도 하고 토하고 설사하는 아이를 굶기기도 한다. 이는 모두 잘못된 육아 상식이다. 화상 입은 데 된장을 바르는 것은 2차 감염 등 도리어 화상을 덧나게 할 위험이 있다. 또한 토하고 설사하는 아이는 굶길 것이 아니라 탈수 혹은 영양에 문제가 있는 것이므로 모유, 링거 등으로 영양보충을 하는 것이 좋다. 어쩌면 이 민간요법들은 아이를 향한 어르신들의 무한한 사랑이 만들어낸 애정의 결합물일지도 모른다. 하지만 이제 환경의 변화를 인식하고 오래전부터 맹신해온 민간요법에서 벗어나 머릿속 고정관념 자체를 바꿀 필요가 있다.

육아법도 오염된 환경으로부터 아이를 보호하기 위해서 좀 더 과학적이고 위생적이게 변화하고 있다. 요즘은 이런 달라진 육아법을 공유할 수 있게 마련된 '예비 조부모 교실'들도 많이 열리고 있다. 그 속에서 아이들의 '매니저'를 자청하는 신세대 할머니들도 심심찮게 찾아볼 수 있다. 육아를 부담으로만 느끼지 말고 생활의 일부로 받아들인다면 우리는 '파워 그랜마'가 될 수 있다.

손주들의 교육을 위해 스스로 배움을 자청해보는 것도 좋은 방법이다. 평소 손주에게 영어를 가르쳐줄 때 콩글리시의 사용 등으로 뒤처지는 느낌을 받은 적이 있는가? 요즘은 전화영어나 자치센터, 노인대학 등이 잘 되어 있어서 할머니, 할아버지들을 위한 영어 프로그램도 많이 마련되어 있다. 또한 이제 말귀를 알아듣기 시작한 손주에게 동화책을 더 재미있게 읽어주고 싶어 '동화 구연' 강좌를 듣는 할머니, 할아버지들도 있다.

이런 노력들은 손주들에게 교육적으로 도움이 된다. 그러나 궁극적으로는 할머니도 노년에 뭔가를 배우고 이뤄나가는 성취감을 맛볼 수 있다. 그러니 손자, 손녀 양육을 부담이라고 느끼기보다는 노년의 자기계발이라고 생각해보는 것도 좋겠다. 지금부터라도 이런 유익한 정보들을 인식하고 조금 더 신경을 써서 명품 할머니로 거듭나 보는 것은 어떨까?

육아 고민 날려 버리는 마음가짐

필자가 할머니들을 대상으로 육아강의를 하다 보면 어르신들이 육아 초기에 하는 고민과 육아를 시작하고 나서 겪게 되는 고민이 다르다는 것을 느낀다. 육아 초기에는 '두려움'이 가장 큰 고민이다. 그러나 육아를 시작하게 되면 본격적으로 없던 고민이 생기는데 바로 '체력과 건강'이다. 애를 보다가 몸이 상한 할머니들의 대부분은 자식이 걱정할 것을 염려해 처음에는 무조건 통증을 참는다. 그러다가 휴식을 취해도 나아지지 않으면 병원을 찾는다. 하지만 이미 몸이 상할 대로 상한 상태라 완치하는 데에도 오랜 시간이 걸리는 경우가 부지기수다.

육아를 시작하면서 생길 수 있는 증세는 다양하다. 대화 상대가 되지 않는 아이와 오랜 시간 함께 있다 보면 고립감과 소외감, 외로움을 느끼며 우울증이 찾아올 수 있다. 그리고 아이가 잠드는 패턴에 맞출 수밖에 없어서 수면장애를 겪기도 한다. 할머니들은 혈압이 갑자기 높아져서 겨울철에 뇌졸중으로 이어질 수 있기 때문에 특히나 조심해야 한다. 또한 아이가 먹다 남은 음식을 버리기 아까워서 먹다 보면 고혈압, 당뇨병 등 성인병의 위험에도 노출된다. 어린 손주이지만 힘이 좋아서 버둥대거나 뛰어다니면 잡기가 힘들고 하루에도 수십 번 안아올리기가 힘에 부쳐 저녁이면 삭신이 다 쑤시는 등 척추와 관절질환도 끈질기게 할머니들을 괴롭힌다. 이처럼 혈기왕성한 아이를 맡아 기른다는 것은 할머니로서는 감당하기 어려울 정도로 체력이 소모된다.

사람은 누구나 몸과 마음이 지치면 위로받고 싶어진다. 내가 예전에 자식을 키울 때 이렇게까지 힘들었나 싶고, 그만하고 싶다는 생각이 간절해진다. 하지만 남의 손에 어린 손주를 맡기자니 불안하기만 하다. 결국 아무리 생각해봐도 상황은 변하지 않는다는 걸 깨닫는다. 그런데 **이왕 육아를 맡기로 했으니 마음가짐을 긍정적으로 바꿔보면 어떨까?** 맡길 사람이 없어서 어쩔 수 없이 손주를 맡게 되었다고 생각하며 괴로워할 게 아니라 상황을 능동적으로 대처해나가는 태도가 필요하다. 그러기 위해서는 육아를 대하는 할머니들의 마음가짐부터 달라져야 한다.

육아는 할머니 혼자 책임지는 것이 아니다. 오늘부터라도 며느리와 딸에게 아이를 키우면서 겪고 있는 고민을 속 시원하게 이야기해보자. 집안에 TV나 라디오를 틀어놓고 신나는 분위기를 만들어보는 것도 좋은 방법일 수 있다. 일부러 '가요교실' 같은 강좌를 나가서 웃으며 노래하는 사람들도 있지 않은가! 아이와 노래를 함께 부르는 것은 스트레스 해소 방안이 될 수도 있다. **육아를 단순히 '아이와 놀아주는 것'으로 볼 게 아니라 '아이를 통해 긍정의 기운을 얻는 것'으로 인식하길 바란다.** 칭얼대는 아이를 재우느라 뜬눈으로 밤을 지새우는 날이 많아진다면 아이가 낮잠을 잘 때 집안일을 하기보다는 같이 자고 같이 일어나는 등 생활 패턴을 맞춰보자.

무엇보다 '아이 때문에 손해를 보고', '아이 때문에 잠을 못자고', '아이 때문에 놀 수가 없다'라는 생각을 피해야 한다. 실제로 이런 생각은 매우 위험하다. 육아를 맡으면서 생긴 스트레스들이 전부 아이 때문이라고 생각해버리기 쉽기 때문이다. 즉 자신도 모르는 사이에 자식들을 원망할 수 있고, 그릇된 마음이 손주들을 향한 과잉된 집착으로 나타나기도 한다.

할머니들은 아이들의 시중을 드는 사람이 아니다. 스스로 당당해지고 어려움을 극복해야 한다. 다시 말해 아이가 남기는 음식이 아깝다고 끼니도 거른 채 남은 음식을 먹지 말자. 상상해보라. 아이가 남은 음식을 먹으면서 '내가 제대로 된 밥 한 끼 못 먹고 이게 뭐하는 짓인가?' 신세한탄이 절로 나올 것이다. 따라서 일부러 그런 상황을 만들지 말자. 특히나 아이들이 먹는 식단은 고혈당이나 고지혈증 위험이 있는 할머니에게는 위험하다.

사실 엄마보다 더 훌륭하게 손주를 키워낸 할머니도 TV에서 심심찮게 볼 수 있다. 국민 여동생 문근영도 할머니 손에서 큰 대표적인 성실 연예인이 아닌가! 간혹 '할머니 손에서 크면 애가 버릇이 없다'라고 말하는 사람들이 많은데 이는 일부의 이야기일 뿐이다. 오히려 할머니들은 끊임없이 아이에게 정서적 유대감을 심어주기 때문에 좋다. 또한 아이는 할머니를 통해 가족의 소중함이나 윗사람을 공경하는 법을 자연스럽게 배울 수도 있다. 그러므로 자신의 행동이 아이에게 얼마나 큰 영향을 줄 것인지 늘 염두에 두면서 육아 자체에 대한 부담을 버리고 긍정적인 마음을 가지도록 하자.

육아 방식 갈등 해결 방법

젊은 엄마들이 할머니에게 아이를 맡길 때 걱정하는 가장 큰 문제는 교육 원칙이 다르다는 것이다. 서로 살아온 인생의 방향과 깊이가 다르니 당연히 아이를 키우는 데 있어서도 육아관이 맞지 않을 수 있다. 할머니는 살아온 세월만큼이나 육아에 대한 소신 또한 가지고 있다. 실제로 여러 자녀를 키워봤기에 육아 전문가인 것도 사실이다. 그러나 엄마들은 자신의 아이인 만큼 요즘 방식대로 키우고 싶은 마음이 크다. 그 가운데서 혼란을 겪는 건 인지력이 발달하지 않은 아이들이다. 그러므로 할머니는 자식들과 서로의 육아 가치관에 대해 대화를 나눠봐야 한다.

예를 들어 할머니가 '오냐 오냐' 하며 너그러운 스타일일 때 아이는 어느 순간 "할머니는 된다고 하는데 엄마는 왜 안 된다고 해?" 하며 반발을 표현할 수도 있다. 또한, 하루 온종일 뛰어놀아도 할머니 집에서는 괜찮았는데 밤이 되어 집으로 돌아가 뛰어놀다 엄마한테 혼이 났다고 치자. 이때 아이는 자신이 왜 혼나는지를 몰라 무척 혼란스럽게 된다. 반대로 엄마가 아이를 때려가며 애써 손가락을 빼는 습관을 고쳐냈다고 치자. 하지만 할머니, 할아버지가

자식들에 대한 안쓰러운 마음에 맡게 된 황혼 육아

손가락을 빨아도 뭐라 하지 않고 무조건 아이의 응석을 들어준다면 백약이 무효일 것이다.

교육, 훈육, 예방접종은 며느리나 딸이, 목욕시킬 때 어떤 욕조를 사용할 것인지 등과 같은 사소한 규칙들은 할머니가 담당한다는 식으로 규칙을 정해보자. 퇴근 후에 최대한 일찍 귀가하기, 아이가 일어나자마자 물 한 잔 먹이기, 인스턴트 음식과 과자는 금하고 간식은 준비해둔 것만 먹이기, 하루에 우유 두 잔씩 먹이기, TV는 30분 이하 시청할 수 있게 하기, 비가 오지 않는다면 하루 한 번 이상 놀이터에 데려가기 등 구체적인 원칙을 서로 상의해서 정해보자. 그리고 이유식엔 간을 하지 않는다거나 놀랐을 때 기응환 먹이지 않기 등 건강과 관련된 것은 분명히 해둬야 한다. 즉 지켜야 할 것과 서로 넘지 말아야 할 선 등에 대해 충분히 대화를 나누고 원칙을 정하자. 그래야 아이가 일관된 가치관을 가질 수 있기 때문이다. 또한 부모가 금지하는 것은 꼭 지키게 하고, 부모가 아이를 혼낼 때는 할머니로서 객관적인 태도를 유지하자. 부모가 혼낼 때 일부러 아이의 편을 들어주는 할머니들이 있는데 이렇게 하면 아이는 커서도 자신의 잘못을 깨닫기 어렵다.

한편 육아로 인한 고됨은 어떤 것과도 바꿀 수 없는 노동이다. 할머니 육아가 경제적 부담을 덜 수 있다는 장점이 있지만, 세상에 공짜는 없다. 며느리나 딸이 온종일 아이를 돌보는 할머니의 수고를 알면서도 모른체한다는 것은 있을 수 없는 일이다. 할머니가 아이를 돌볼 때의 불만을 없애는 데 월급만한 보상도 없다. 그러므로 할머니 자신도 육아를 정당하게 노동으로 인정하고 그에 대한 대가는 반드시 받아야 한다.

하지만 할머니들은 이조차도 자식들에게 부담이 될까봐 이야기도 못 꺼내는 경우가 많다. '늙은이가 도움이라도 되면 다행이지.'라는 마음으로 손주를 봐주는 경우가 보편적이다. 또 양육비를 받는다고 하더라도 회사처럼 월급날에 제때 받지 못하는 경우도 많다. 심지어 달라고 말하기도 껄끄럽다. 맞벌이하는 자식을 위해 봉사하는 마음으로 돌봐주는 것이 대부분이기 때문이다. 하지만 그마저도 미안해하는 것이 할머니들의 마음이다. 월급의 거의 절반이 아이들 간식 사 먹이고 옷을 사주는 데에 다 들어감에도 불구하고 말이다. 월급 얘기를 해서 사이가 안 좋아지느니 그냥 주는 대로 받는 게 더 마음이 편할 것 같다는 생각을 할지 모른다.

하지만 가까운 가족일수록, 월급 문제는 더욱 정확하게 선을 긋고 가는 것이 좋다. 물론 직장인처럼 제 날짜에 꼬박꼬박 돈을 받는다는 것이 어려울 수도 있다. 그래도 시작하기 전부터 이 부분에 대해서는 확실하게 얘기를 해보자. 남도 아닌데 구차하게 보일지가 뭐가 걱정인가! 요즘 젊은 부부들은 오히려 이런 부분에 대해서 관대하다.

아이를 봐주는 할머니가 받는 월급은 각 가정의 형편에 따라 다르겠지만 한 잡지 설문조사에 따르면 '30~50만 원을 받는다'는 응답이 가장 많았다. 물론 '전혀 받지 않는다'는 응답부터 '100만 원 이상 받는다'는 응답까지 다양했다. 돈의 액수는 자식들 경제 사정에 맞추면 되지만, 하다못해 비정기적인 용돈이라도 받아야 한다. 할머니의 노동을 인정하는 것이 아이에게도 결국 이익이다. 정당한 노동의 댓가를 받고 일한다면 아이를 돌보는 데 있어서도 더욱 책임감이 생기기 때문이다.

하지만 할머니들도 "누구네 엄마는 얼마를 받는다더라."라는 식의 이야기는 금물이다. 며느리나 딸도 마음 같아서는 더 드리고 싶지만 조금밖에 못 드리는 것이 못내 죄송스러울 것이다. 단, 며느리나 딸이 회사에서 늦게 들어오거나 주말에 나갈 일이 생기면 추가로 돈을 더 요구할 수는 있다. 그러나 아무리 딸이나 며느리가 형편이 어려워도 공짜 노동만은 해주지 않도록 하자. 또한 미리 금액과 지급 날짜를 정하자. 이때 딸이나 며느리들은 통장으로 바로 넣어주기보다는 편지 봉투에 한 달 동안 아이를 돌봐주셔서 고맙다고 감사의 말 한 구절이라도 적어서 돈을 담아 드린다면 받는 할머니의 기쁨이 두 배가 될 것이다. 다음은 육아 상황에 따른 장단점이므로 월급을 결정할 때 참고하자.

 28 자식들에 대한 안쓰러운 마음에 맡게 된 황혼 육아

육아 상황에 따른 장단점

	장점	단점
아이 집으로 짐 싸고 들어가 24시간 양육할 때	24시간 아이들과 함께 있기 때문에 여유가 있고, 아이들과 더 많은 시간을 보낼 수 있다. 식비, 관리비, 집 걱정이 없다.	일상생활에 여유가 없다. 식구와 갈등이 생기면 갈 곳이 없어진다. 친구들을 집으로 데리고 오기가 어렵다.
아침이면 아이 집으로 출근할 때	장난감, 책, 아이 용품 등이 충분하므로 따로 구입하지 않아도 된다. 아이 아빠, 엄마가 오면 편히 집으로 돌아가 쉴 수 있다.	가끔 집안일까지 어쩔 수 없이 하게 되는 경우가 있다.
아침이면 아이가 할머니 집으로 올 때	이동이 없어 좋다. 살림을 해왔던 곳이기 때문에 아이에게 더 좋은 음식을 줄 수 있다.	장난감, 아이 용품 등이 턱없이 부족하다. 아이의 장난감으로 도배되거나 어지러워질 수 있다.

며느리와의 갈등 해결

할머니는 나름대로 자식을 낳아 키운 전력이 있는 '육아 베테랑'이다. 그런데 이제 갓 아이를 한두 명 낳아 키우는 며느리가 이것저것 간섭하고 유식한 척을 하면 화가 날 수밖에 없다. "그렇게 잘났으면 네가 키워라."라는 말이 목젖까지 차오르지만 집이라도 한 채 장만하려고 부부가 피곤함을 참아가며 부지런히 집과 직장을 오가는 모습을 보면 결국 그 말을 삼키게 되는 것이 할머니들의 마음이다.

그러나 며느리로서는 회사 일도 바쁜데 할머니의 고집스러운 옛날 육아 방식이 스트레스로 다가올 수 있다. 이때 할머니들에게 며느리와 대화를 나눠보는 것을 추천한다. '내가 아이를 길러주는 공만 해도 어딘데…….' 하며 화만 내거나 다짜고짜 불평부터 늘어놓지 말자. 또한 손주가 먹는 것, 입는 것 등에 지나치게 간섭하는 것도 좋지 않다. 며느리와 한두 번 볼 사이도 아닌데 사소한 말이 오해를 불러오고, 그로 인해서 없던 고부간의 갈등도 생길 수 있기 때문이다.

아이를 기르는 문제로 며느리와 갈등이 생긴다면 아이에게 좋을 것은 하나도 없다. 딸과 갈등이 생겼다면 싸우기라도 해서 풀겠지만 며느리와 그랬다가는 잘못하면 감정

자식들에 대한 안쓰러운 마음에 맡게 된 황혼 육아

의 골만 깊어지기 십상이다. 따라서 대화로 차근차근 풀어가보자. 단, 대화를 할 때는 먼저 며느리의 입장을 생각해본 후 자신의 입장에서 말하는 것이 좋다. 서로의 입장에서 조금만 생각하고 바라보자. 육아 이견조율에 있어서 '역지사지' 정신은 시어머니와 며느리 사이에 신뢰를 다지는 방법이다.

불만도 노골적으로 드러내기보다는 서로 충분히 조율할 수 있도록 배려하는 방식으로 말하는 것이 중요하다. 이때 상담하듯이 말을 거는 것이 가장 중요한 포인트다. 며느리도 시어머니가 어려워 말 못할 고민들이 많을 것이다. "요즘 일하느라 힘들지?"라고 운을 띄워가며 부드럽게 말을 꺼내보자. 이때 며느리가 육아경험이 부족하다고 일방적으로 훈계하려 하기보다는 서로 배려하며 생각을 주고받다 보면 이해의 폭이 넓어져 해결점을 찾을 수 있다.

딸과의 갈등 해결

"너도 너 같은 딸을 낳아봐야 부모 마음을 알지." 가끔 자식이 속상하게 할 때마다 이 시대 수많은 친정 엄마들이 입버릇처럼 내뱉어 봤을 말이다. 그런데 딸이 시집을 가서 정말로 자신과 똑닮은 자식을 낳아서 온다면? 믿고 맡길 수 있는 사람은 역시 엄마밖에 없다며 찾아온 딸을 외면할 수도 없는 게 친정 엄마의 마음이다. 딸에게 있어 친정 엄마는 든든한 버팀목이자 인생 최고의 조언자이기 때문이다. 결국 친정 엄마들은 딸이 일에만 전념하기를 바라며 육아를 떠맡게 된다.

그러나 막상 아이를 봐주기 시작하면 친정 엄마에겐 딸도 때로는 '적 아닌 적'이 된다. 바쁜 딸을 대신해 살림도 해주고 아이들도 돌봐주는데 사사건건 불평불만을 일삼는 딸을 보면 서운한 생각이 들기 마련이다. 하지만 반대로 딸의 입장에서도 생각해보자. 친정 엄마와의 문제니까 오히려 남편에게 하소연조차 못할 것이다. 그러므로 어디 속풀이할 데도 없이 혼자서만 끙끙 앓으면서 더 힘들어 할 것이다. 이처럼 좋았던 모녀관계도 틀어질 만큼 육아의 스트레스와 갈등으로 인한 상처는 엄청나다.

아이를 키우다 보면 딸과 손주를 사랑하는 마음이 아무리 크더라도 갈등은 생길 수 있다. 딸의 입장에서 친정 엄마는 시어머니와는 달리 워낙 편한 사이다 보니 육아에 대한 불만을 가감없이 쏟아내면서 갈등의 골이 깊어질 수 있다. 워낙 격의가 없다 보니 사소한 말다툼부터 시작해서 서로 큰소리가 오가는 싸움으로 번지기도 한다.

이때 서로 어느 한 쪽을 탓하기보다는 자연스러운 문제로 받아들이고 친정 엄마로서 어떤 마음가짐으로 해결하려고 하느냐가 중요하다. 물론 친정 엄마의 입장에선 딸이 자신을 너무 편하게 생각하다 보니 아이를 봐주는 것 또한 당연하게 생각하니까 화가 나기 쉽다. 그러다가 갈등이 지속되면 서로 말도 안 하고 토라지는 지경에 이르기도 한다. 모든 문제는 허심탄회한 대화로 해결해보자. 마음에 있는 응어리를 풀며 서로 이해하는 계기가 될 것이다.

같이 해보세요 육아 원칙 세우기

1. 교육

_____

2. 훈육

_____

3. 예방접종

_____

4. 목욕

_____

5. 퇴근할 때

_____

6. 아이가 일어났을 때

_____

7. 간식

8. 우유

9. TV 시청 시간

10. 놀이터

11. 이유식

12. 건강

현대를 살아가는 우리는 각종 유해환경에 둘러싸여 있다.

각종 오염에 노출된 아이들의 면역력은 공기 맑고 물 깨끗하던 옛날과 다르다.

또한 아이는 성인보다 면역기능이 약해서 환경오염을 비롯한 주변의 유해환경에 더욱 민감하게 반응한다.

할머니들은 이 사실을 반드시 숙지해야 할 필요가 있다.

2장

기본 육아 상식

한 숟가락 밥 덩어리가 불러일으킨 사고

태어난 지 10개월 된 아이를 키우고 있는 부모입니다. 저희는 맞벌이를 하고 있기 때문에 시어머님께서 아이를 돌봐주시고 있어요. 어느 날 어머님으로부터 사무실로 전화 한 통이 걸려왔어요. 아이에게 사고가 일어났다고 얼른 집에 오라고 하시는 거예요. 저는 얼굴이 하얗게 질려서 모든 일을 팽개친 채로 눈물을 글썽거리며 뛰쳐나갔죠. 집에 들어가서 자초지종을 들으니 사고의 원인은 다름 아닌 '밥' 때문이라는 것이었습니다.

어머님이 밥을 푸다가 그 옆에 있던 아이에게 한 숟가락 분량의 밥 덩어리를 떨어트리셨는데 그게 하필이면 '얼굴'에 닿은 것이었어요. 압력밥솥에서 나온 뜨거운 밥알이 아이 눈 옆에 끈끈하게 붙으면서 2도 화상을 입고야 말았죠. 다행히 응급처치를 빨리하고 병원에 데려갔기 때문에 큰 문제는 없었어요. 어머님의 놀란 가슴을 진정시켜 드리고 집으로 돌아오는 길, 저는 자책감에 시달려 운전을 제대로 할 수 없었어요. '내가 무슨 부귀영화를 누리겠다고 내 아이 하나 지키지 못하고 직장을 다니나~' 싶었거든요.

화상 흉터는 다른 상처보다 오래간다는데 어머님이 원망스럽기도 했어요. 친구들은 좋은 쪽으로 생각하라며 저를 위로했습니다. 아이가 그 정도로 다친 것을 다행이라고 생각하라며 만약 굴러 떨어진 주걱이 아이의 얼굴을 덮쳤다면 어떻게 됐을지 상상해보라고요. 생각만 해도 머리카락이 쭈뼛 섰습니다.

그때부터 저는 '질병'보다 더 무서운 것이 '집안에서 일어나는 안전사고'라는 생각이 들었습니다. 그렇지만 어머님은 옛날 분이라 그런지 안전사고에 대해서 너무나 무지하세요. 안전사고는 늘 방심할 때, 뜻하지 않는 곳에서 갑자기 일어나곤 하는데 말이죠. 주변 환경에 대한 주의력이 적고 활동량이 많은 아이들은 호기심에 아무거나 만지려고 들기 때문에 할머니들이 각별히 신경을 써주셔야 하잖아요? 그런데 어머님은 유독 안전사고에 둔감해서 아이를 자주 내버려두세요. 잠깐 한눈파는 사이에도 일어날 수 있는 일들이 얼마나 많은데 말이죠. 어머님께 계속해서 아이만 지켜보고 있으라고 할 수도 없고 출근길이 불안하기만 합니다. 아이 몸에 조그마한 상처라도 생길 때마다 가슴이 정말 철렁해요.

   사실 어머님 때문에 속상한 건 이것뿐만이 아니에요. 어머님은 아이가 우유를 먹다가 안 먹을 때 우유병 뚜껑을 안 닫아놓고 방치하세요. 요즘 같은 장마철에 습도도 높은데 뚜껑을 안 닫으면 날파리가 생길지도 모른다는 생각에 저는 불안하거든요. 보리차도 우유병 가득 넣어놓고 온종일 먹이는 것 같은데 보리차는 6시간이 지나면 상하잖아요? 이유식을 만들어 먹일 때도 하루에 조금씩 만들어 나눠서 먹이셨으면 좋겠는데 한 냄비 가득 끓여서 가스레인지 위에 올려놓고 끼니마다 데워서 먹이시더라고요. 쌀은 다 푹 퍼지고 색깔은 당근인지 시금치인지 구별 안 되게 다 암갈색으로 변해 있고……. 어머님은 사랑으로 아이를 돌보지만 이런 기본적인 육아 상식들을 일일이 말씀드리기도 어렵고 저 혼자만 끙끙 앓고 있어요.

옛날과 다른 요즘 아이들의 면역력

현대를 살아가는 우리는 각종 유해환경에 둘러싸여 있다. 지구 온난화와 환경오염 속에서 현대인들은 면역력이 저하되고 몸은 점차 병들어 가는 것이다. 공기와 물에 포함된 각종 중금속과 방사능 등 환경오염이 이렇게 심각한데 하물며 요즘 태어나는 아이에게는 어떤 영향을 끼치겠는가? 각종 오염에 노출된 아이들의 면역력은 공기 맑고 물 깨끗했던 옛날과 다르다. 또한 아이는 성인보다 면역기능이 약해서 환경오염을 비롯한 주변의 유해환경에 더욱 민감하게 반응한다. 할머니들은 이 사실을 반드시 숙지해야 할 필요가 있다.

오염된 환경으로부터 아이를 보호하기 위해 요즘 엄마들이 벌이는 사투는 그야말로 눈물겹다. 면역력 강화에 효과가 있다는 '키즈 홍삼'을 아이에게 먹이고 날마다 자외선 살균기로 집안 곳곳을 청소하기도 한다. 그뿐인가? 세균번식을 막기 위해 매일 펄펄 끓는 물에 젖병과 수건을 삶는 수고도 마다치 않는다. 젖병도 모자라 유아용품과 장난감까지 소독하는 시대다. 그러나 할머니들은 변화한 환경을 인식하지 못하고 옛날의 기준으로 며느리들을 향해 따끔한 일침을 날린다. "너무 깔끔을 떨어서 아이 면역력만 떨어트린다."라고 말이다. 오히려 청소도 안 하고 대충 살았던 옛날이 더 전염병이며 감기가 없었다고 덧붙이기도 한다.

하지만 다시 한 번 강조하건대 요즘의 환경은 옛날과는 천지차이다. 흔히 요즘 아이들은 덩치는 큰데 체질은 약하다는 말을 많이 하지 않는가? 요즘 태어나는 아이들은 면역력 자체가 약하다. 그러므로 아토피, 알레르기, 비염, 식욕부진, 성장장애, 천식, 중이염, 잦은 감기 등에 자주 걸리는 것이다. 따라서 엄마들의 극성을 너무 비난하지 않기를 바란다. 오히려 생각을 바꿔 손주의 위생관리에 조금 더 신경을 써보는 것은 어떨까?

우리 손주의 성장상태 잘 알기

아이들은 자라면서 목을 가누고, 뒤집기를 하고, 옹알이를 하는 등 일정한 시기에 나타나는 행동들이 있다. 보통 부모들은 이런 반응을 통해 우리 아이가 제대로 성장하고 있는지, 또래에 비해 성장이 빠른지 느린지를 판단하게 된다. 초보 엄마들은 우리 아이가 또래보다 발달이 빠르면 좋아하지만 느리면 어디에 이상이 있는 것은 아닐까 걱정을 하며 불안해한다. 육아의 경험이 없는 엄마들이 인터넷에서 얻은 정보들을 토대로 조바심을 내기 시작할 때 할머니들은 간혹 인내심을 가지고 지켜보자고 말하기도 한다. 왜냐하면 할머니들은 경험상 아이마다 발달 상태에 다소 차이가 있는 것을 알기 때문이다.

할머니들은 자식을 키워오면서 많은 변수를 보았다. 뒤집기 단계를 거치지 않고 바로 기어다니는 자식도, 옹알이 단계를 거치지 않고 바로 말을 하는 자식도 있었을 것이다. 그러나 아이의 성장에 있어서 '방심은 금물'이다. '때 되면 다 자란다' 하고 무심한 할머니도 있는데 시기별로 반드시 체크해볼 필요성이 있다.

필자의 지인 중에도 비슷한 경우가 있었다. 보통 아이들은 생후 2~3개월이면 목을 가누는

 42 기본 육아 상식

데 그 할머니의 손주는 돌이 되어서야 겨우 목을 가누기 시작했다. 매우 이상하게 여긴 아이의 엄마는 빨리 병원에 가봐야 하는 것이 아니냐고 걱정을 하였다. 그렇지만 아이의 엄마가 너무 유난스럽다고 생각했던 할머니는 태어날 때부터 약하게 태어나서 또래보다 발달이 늦는 거라며 대수롭지 않게 넘겼다. 그러다 결국 아이는 장애판정을 받았다. 인지 장애를 갖고 태어나 또래에 비해 발달이 늦었던 것이다.

물론 아이마다 편차는 있다. 발달이 조금 빠른 아이가 있고, 조금 늦은 아이가 있다. 그러므로 이 점은 감안하면서 성장 발달을 눈여겨보되 또래보다 심하게 차이가 난다 싶으면 내버려두지 말고 반드시 소아과를 찾아 상담하는 것이 좋다. 위 경우처럼 2개월이 지났는데도 목을 가누지 못한다거나 돌이 지났음에도 몸을 잘 가누고 앉아 있지 못한다면 말이다. 대수롭지 않게 넘겼다가 나중에 장애를 발견하게 되면 할머니 탓도 아닌데 며느리나 딸들의 원망을 고스란히 받을 수도 있다.

사랑하는 손주가 건강하게 잘 자라고 있는지 발달 과정을 체크하는 것은 할머니로서의 도리이자 손주의 건강한 삶을 위한 첫걸음이다.

개월별 성장 체크

0~3개월 아이

청각과 촉각을 느낄 수 있어요

엄마의 뱃속에서 나온 아이가 세상에 적응하는 시기이다. 아직 면역력이 약하므로 아이는 온갖 유해환경에 스트레스를 받기 시작한다. 그러므로 이 시기의 아이는 할머니의 따뜻한 손길과 대화가 필요하다. 보지도, 말귀를 알아듣지도 못하는 아이에게 대화가 필요하다니 이게 무슨 말일까?

아이는 뱃속에 있을 때부터 엄마의 음성을 들어왔기 때문에 엄마의 목소리를 알고 있다. 엄마가 전하는 따뜻한 음성에서 뱃속에 있던 편안함을 느낀다는 말이다. 그러나 할머니가 엄마의 역할을 대신할 수밖에 없는 상황이라면 할머니라도 아이에게 끊임없이 대화를 해주는 것이 중요하다. 아이의 눈을 똑바로 바라보고 이런 저런 얘기를 하다 보면 아이가 말을 알아듣는 것처럼 반응을 보이는 신기한 경험도 종종 하게 될 것이다. 아이의 감각기관 중에서 가장 먼저 발달하는 게 촉각과 청각이라는 사실을 알고 있는가? 그래서 이 시기의 아이들에게는 청각적인 자극을 해주는 게 좋다. 딸랑이 같은 장난감을 이용하거나 음악을 들려주는 것도 좋은 방법이다. 하지만 그중에서도 할머니의 목소리는 아이에게 심리적 안정감을 준다.

아이의 심리적인 안정에 도움을 주는 또 다른 방법으로 촉각을 발달시키는 스킨십이 있다. 이 시기의 아이들은 오감이 완성된 상태가 아니므로 촉각으로 사물을 인식한다. 이것이 발전한 것이 요즘 엄마들 사이에서 뜨고 있는 '베이비 마사지'이다. 흔히 아이의 뼈는 아직 완성된 상태가 아니기 때문에 함부로 만지면 안 된다고 생각하곤 한다. 하지만 이것은 구시대적 발상이다. 베이비 마사지를 하면 할머니와의 유대관계도 좋아지고 오히려 아이의 성장발달에도 도움이 된다. 그뿐만 아니라 아이의 소화기능을 튼튼하게 해 배변 활동을 돕고 혈액순환이 잘 되

도록 해주어 아이를 편안하게 해준다. 이 시기의 아이에게는 할머니의 부드러운 음성과 손길만큼 좋은 게 없다.

시각을 키워요

아이의 감각기관 중 제일 늦게 발달하는 것이 바로 '시각'이다. 초창기는 흑백만 구분하다가 석 달쯤 지나면 다른 색을 구분하기 시작한다. 아이는 먼 거리에 있는 사물에 초점을 맞추기가 힘이 들기 때문에 초창기에 15cm 정도의 가까운 거리에서 아이에게 사물을 보여주는 것이 좋다. 이런 작용을 활용한 것이 바로 '모빌'이다. '모빌'은 아이들의 시각발달에 도움을 주는 대표적인 장난감이다. 처음에는 색이 너무 요란한 모빌보다는 색이 단조롭더라도 다양한 모양의 모빌을

달아 사물의 모습을 관찰하게 하는 것이 오히려 좋다. 그러나 이런 시각적인 자극에도 아이가 반응이 없다면 병원에 데려가 보는 것을 권한다.

신생아 반사 행동 알아차리기

모로 반사

아이를 갑자기 내려놓는 시늉을 했을 때 아이는 무의식적으로 무언가 안으려고 팔을 모으는 행동을 하는데 이것을 '모로반사'라고 한다. 태어나서 3~4개월이 지난 후에 자연스레 없어진다.

파악 반사

아이 손바닥을 손가락으로 가볍게 자극하면 아이가 반사적으로 상대의 손가락을 꽉 쥐는 행동을 말한다. 이것은 엄마에게 매달리려는 욕구와 깊은 관계가 있는데 태어나고 3~4개월 내에 자연스럽게 없어진다.

찾기 반사

아이가 배가 고플 때 입술에 손가락을 갖다 대면 입술을 내밀며 빨려는 반응이다. 이때 배가 고픈 줄 알고 자꾸 우유를 주려는 할머니들이 있는데 지극히 반사적인 행동이니 무조건 우유를 주지 않도록 하자.

걸음마 반사

걸음마 시키듯 아이의 상체를 앞으로 기울이면 아이가 발을 높이 들면서 걷는 흉내를 내는 것을 말한다. 이때 할머니들은 곧 걸을 수 있을 것 같다며 자꾸 시도하기도 하는데 아이의 미성숙한 관절을 자극할 수 있기 때문에 주의해야 한다.

4~12개월 아이

움직임이 많아져요

이 시기에 아이는 스스로 뒤집기를 하거나 기어 다닐 수 있게 된다. 뒤집기는 보통 5~6개월이 지나면 할 수 있다. 또한 6개월이 지나면 이가 나기 시작하는데 아이가 잇몸이 간지러워서 예민해질 수 있다. 이가 나려고 잇몸이 간지러워지면 닥치는 대로 물건을 입에 가져가는 것도 이 때문이다. 사물을 물고 빨면서 세상을 알아가는 것이다. 자연스러운 현상이기 때문에

위험한 물건이 아니라면 굳이 뺏을 필요가 없다. 물건을 뺏게 되면 오히려 불만이 쌓여 인격 형성에 별 도움이 되지 않는다. 또 몸무게의 변화도 큰 시기이므로 영양소 섭취가 매우 중요하다. 또한 낯가림도 시작하는 시기여서 낯선 사람을 알아보곤 울기도 한다. 마지막으로 12개월이 되면 혼자 힘으로 앉아 있을 수 있게 되며 성장이 빠른 아이들은 걷기도 한다. 보통 12~14개월 전후로 걷는다.

12~36개월 아이

인지적 발달에 변화가 생겨요

아이가 돌이 되기 전까지는 뒤집기, 기어 다니기, 서 있기 등 다양한 성장이 급격하게 이루어진다. 하지만 돌이 지나고 나면 신체적 성장은 이전보다 더디게 진행이 된다. 대신 인지적인 부분에서 큰 변화를 보인다. 돌 무렵에는 옹알이에서 벗어나 몇 개의 단어를 말할 수 있게 된다. 초창기에는 주로 '맘마', '까까'처럼 단순한 단어들을 구사한다. 의사표현도 다양해지고 사물에 대한 호기심도 많아진다. 또한 몸을 스스로 움직일 수 있게 되면서 자유롭게 돌아다니고 사물을 보고 만지고 빨며 호기심을 충족시킨다. 그래서 이때 사고가 가장 나기 쉽다. 그러므로 위험한 물건은 아이 손에 닿지 않게 치워두는 것이 좋다.

아이가 18개월이 넘어가면 뒤뚱거리며 불안했던 걸음걸이가 점차 안정적이 된다. 또한 대소변도 가릴 수 있게 된다. 따라서 이 시기에 대변훈련을 하면 좋다.

24개월이 넘어가면 운동 능력이 좋아지기 때문에 활동적인 놀이를 해주면서 아이가 더 활발히 움직일 수 있게 도와줘야 한다. 또한 이 시기는 말귀도 알아듣기 시작하므로 보다 많은 말을 걸고 다양하게 대화할 수 있도록 돕는 할머니의 역할이 중요하다. 아이에게 그림책을 읽어주는 것도 좋은 방법이다. 글만 읽어주면 재미가 없으므로 그림도 보면서 대화를 나누듯이 읽어보자. 예를 들어 병아리가 나오는 그림책이라면 병아리를 손으로 짚으며 이렇게 말하는 것이다. "병아리는 무슨 색일까? 노란색이지? 병아리는 '삐약삐약' 소리를 내요." 다양하게 이야기를 덧붙여가며 읽어주면 아이의 호기심을 자극할 수 있다. 할머니가 수다쟁이가 되어줄수록 아이의 두뇌가 발달한다는 사실을 잊지 말자.

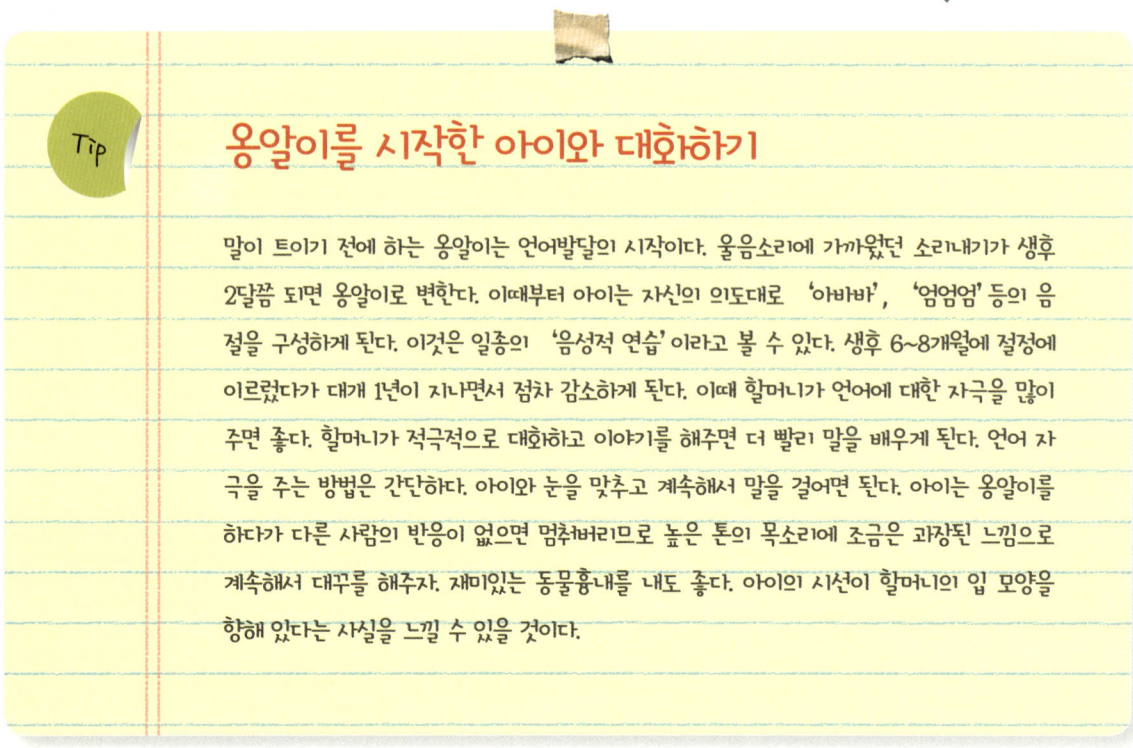

Tip | 옹알이를 시작한 아이와 대화하기

말이 트이기 전에 하는 옹알이는 언어발달의 시작이다. 울음소리에 가까웠던 소리내기가 생후 2달쯤 되면 옹알이로 변한다. 이때부터 아이는 자신의 의도대로 '아바바', '엄엄엄' 등의 음절을 구성하게 된다. 이것은 일종의 '음성적 연습'이라고 볼 수 있다. 생후 6~8개월에 절정에 이르렀다가 대개 1년이 지나면서 점차 감소하게 된다. 이때 할머니가 언어에 대한 자극을 많이 주면 좋다. 할머니가 적극적으로 대화하고 이야기를 해주면 더 빨리 말을 배우게 된다. 언어 자극을 주는 방법은 간단하다. 아이와 눈을 맞추고 계속해서 말을 걸면 된다. 아이는 옹알이를 하다가 다른 사람의 반응이 없으면 멈춰버리므로 높은 톤의 목소리에 조금은 과장된 느낌으로 계속해서 대꾸를 해주자. 재미있는 동물흉내를 내도 좋다. 아이의 시선이 할머니의 입 모양을 향해 있다는 사실을 느낄 수 있을 것이다.

아기의 행동 속의 숨은 뜻과 신호

아이는 말을 못하기 때문에 할머니가 아이의 행동속에 숨겨져 있는 생각을 잘 읽어줄 필요가 있다. 그리고 아이가 몸 상태를 알리는 신호들이 있는데 이 메시지를 감지하고 판단해야 혹시나 생길 수 있는 문제를 미리 막을 수 있다.

자면서도 웃어요

아이의 미소는 천사의 미소에 견주어도 모자람이 없다. 하지만 사실 아이가 짓는 미소는 감정이 실린 웃음이 아니다. 그저 좌우의 입꼬리가 살짝 올라가 짓게 되는 생물학적 표정일 뿐이다. 흥미로운 건 아기 침팬지 또한 이런 미소를 띤다는 사실이다.

손등으로 할머니의 가슴을 어루만져요

아이는 자신을 안고 있는 할머니의 존재를 확인하고 싶어하므로 종종 할머니의 가슴을 손등으로 어루만진다. 손등을 사용하는 이유는 이 시기가 손바닥을 자극하면 바로 꽉 잡아버리는 파악 반사

작용을 보이는 때이기 때문이다. 그래서 아이는 손바닥 대신 파악 반사가 일어나지 않는 손등으로 할머니의 존재를 확인하려 한다. 아이가 이런 행동을 보이면 "그래, 할머니 여기 있어." 하고 다정하게 대답해주는 것이 좋다.

깜짝 놀라서 만세 자세를 해요

아이는 옆에서 큰 소리가 나면 깜짝 놀라 만세를 하는 것처럼 양팔을 번쩍 들어 올리게 되는데 이를 '경악 반사'라 한다. 연구 결과에 따르면 경악 반사는 태아가 3개월이 된 무렵부터 나타난다고 한다. 엄마의 뱃속에서 느꼈던 태동은 바로 태아가 이러한 경악 반사를 일으킨 것이다. 그러므로 아이가 경악 반사를 일으킬 때 할머니가 엄마를 대신하여 "우리 손주 깜짝 놀랐구나." 하고 다정하게 달래준다면 아이는 한결 안정감을 느낀다.

흔들어주면 좋아해요

아이의 몸을 살살 흔들어주면 좋아하는 이유는 평형감각을 담당하는 감각기관이 아이의 정서와 관련이 있기 때문이다. 따

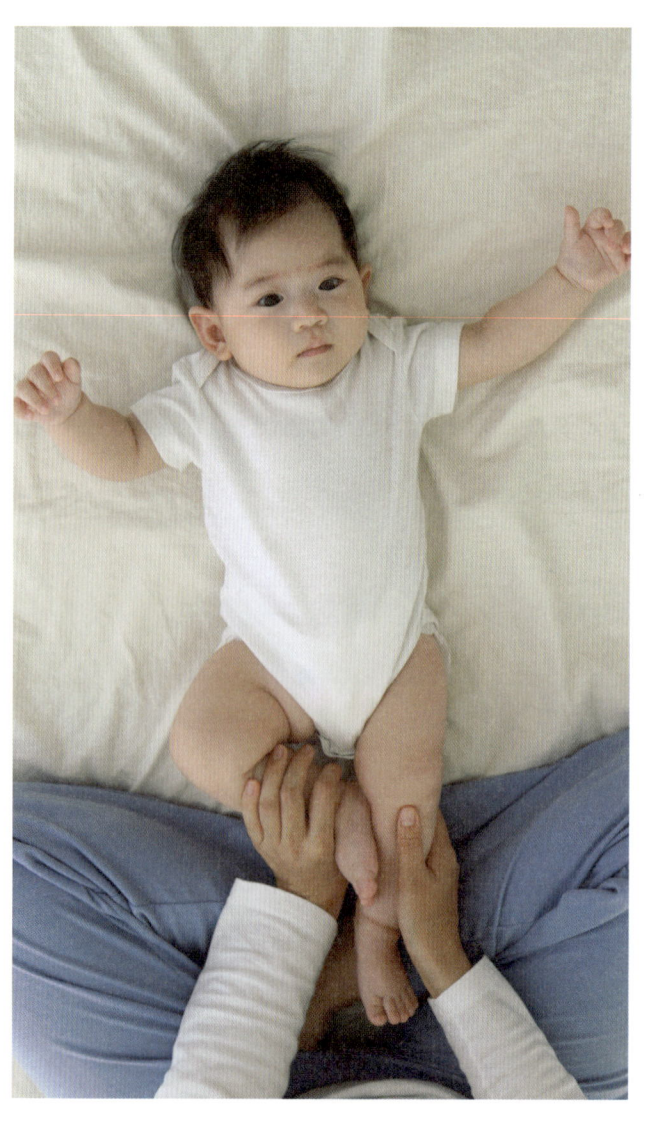

라서 아이를 흔들어주면 감각기관에 쾌감이 전달돼 기분이 좋아진다. 스스로 목을 가누지 못하는 아이는 목 뒤를 손으로 받치고 천천히 흔들어주는 것이 안전하다.

딸꾹질을 자주 해요

아이들은 신경계가 다 발달되지 않아서 딸꾹질이 많이 난다. 딸꾹질은 가슴과 배 사이를 나누는 횡경막이 갑작스럽게 줄어들었을 때 나타나는 일종의 '반사작용'이라고 할 수 있다. 아이들은 복식 호흡을 해서 딸꾹질이 더 많이 난다. 또한 딸꾹질을 하면서 구토를 하기도 한다. 이럴 때 할머니는 젖병에 따뜻한 물을 담아 먹게 하면 딸꾹질을 멈추는 데 도움이 된다. 또한 아이의 횡경막을 자극하지 않게 평소 할머니가 우유의 양을 조절해주는 것이 좋다. 배가 고팠다가 허겁지겁 먹으면서 딸꾹질이 생기는 경우가 많기 때문이다. 찬 공기가 폐로 들어갈 때도 딸꾹질을 할 수 있다. 이때 이불을 덮어 따뜻하게 해주면 멈춘다. 아이를 따뜻하게 품 안에 안고 달래주면 심리적으로 안정도 되고, 할머니가 안아주는 압박으로 경막의 떨림도 줄어들어 딸꾹질이 멈출 수 있다. 그러나 딸꾹질을 한다고 해서 갑작스레 아이의 등을 친다거나, 몸을 흔든다거나 하는 방법은 바람직하지 않다.

딸꾹질은 대부분 큰 문제가 없지만, 오랫동안 멈추지 않고 계속한다면 '뇌염'이나 '뇌종양' 또는 '후두부 뇌 손상'을 의심해볼 필요가 있다. 또한 딸꾹질과 비슷한 증상으로 아이가 '꺽꺽' 거리는 소리를 자주 낸다면 '후두연화증'을 의심해야 한다. 대부분 시간이 지나면 좋아지지만 계속 숨을 쉬기 어려워할 때는 병원에 가서 의사의 정확한 진단과 처방을 받는 것이 좋다.

트림과 함께 우유를 토해요

아이들은 스스로 트림하기가 어려우므로 우유를 먹은 후에 반드시 할머니의 도움이 필요하다. 아이들은 장기가 약하기 때문에 특히 잠을 자기 전 우유를 먹였을 때는 잊지 말고 꼭 트림하게 해줘야 한다. 트림을 시키지 않으면 아이가 자는 도중 먹었던 우유를 게워내는 '식도 역류' 현상이 올 수 있다.

아이의 트림은 '꺼억' 하고 공기만 나오는 것이 좋지만, 트림과 함께 우유를 토하더라도 크게 걱정할 필요 없다. 이것은 구토가 아니라 아이들 위의 발달이 덜 되어서 저절로 역류하는 현상으로 생후 9~12개월까지는 쉽게 일어날 수 있기 때문이다. 그러나 목을 가누지 못하는 아이는 유심

Tip 트림시키는 요령과 주의사항

요령

1. 할머니가 아이를 안고, 앉은 자세로 약 10분 정도 등을 아래로 문질러준다.
2. 아이의 턱이 할머니 어깨에 오게 세워 안고 등을 아래로 토닥여준다.
3. 그 자세로 아이가 잠이 들었다면 가볍게 안아 문질러주며 잠이 깨지 않게 트림을 할 수 있도록 유도한다.
4. 트림을 했다면 바로 눕히지 말고 한동안 안고 토닥여주는 것이 좋다.

주의사항

1. 아이가 트림하지 않고 잠이 든다면 위장이 왼쪽에 있는 상태이므로 오른쪽으로 눕히고 머리를 약간 높여 재우는 것이 좋다.
2. 아이 등을 5분 정도 다독여 주었는데도 트림을 안 하면 안심하고 재우되 아이 고개는 한쪽으로 돌리고 베개는 얇은 것으로 선택한다.
3. 아이의 등을 두드릴 땐 세게 두드리지 말고 토닥토닥 다독여주는 느낌으로 두드린다. 이때 손의 모양은 손가락을 모아 컵 모양처럼 오목하게 오므린다.

히 지켜봐야 한다. 게워낸 내용물로 인해 기도가 막힐 가능성도 있다.

　간혹 모유는 소화흡수가 쉽다며 트림을 안 시키는 경우도 있다. 그러나 젖병으로 모유 수유를 하는 것이라면 가능한 한 꼭 트림을 시켜주는 것이 역류로 인한 사고를 막아준다.

자지 않고 울어요

아이의 울음은 하나의 언어다. 말을 못하는 아이는 자신의 의사표시를 하기 위해 우는 수밖에 없다. 그래서 할머니들은 답답하다. 기저귀도 깨끗하고 우유도 충분히 줬는데 왜 우는 건지 모를 때가 많다.

그러나 어떻게 보면 아이가 우는 것은 당연하다. 태어나기 전에는 편안한 엄마의 자궁 안에서 아무 걱정 없이 10개월을 보내다가 갑자기 바깥 세상에 내던져진 것이 아닌가. 현실의 온갖 소리와 빛은 아이에겐 그야말로 공포 그 자체일 수 있다. 거기에 우유병을 힘껏 빠는 노동까지 해야 하니 아이가 자신의 감정을 표현할 수 있는 수단은 '울음'뿐이다.

운다고 자꾸 안아주면 버릇이 나빠진다는 말이 있지만 아이가 울 때 달래지 않고 그대로 두면 성격이 좋지 않은 아이로 자랄 수 있으므로 주의해야 한다. 특히 3개월까지는 가능한 한 빨리 아이의 욕구를 충족시켜주는 것이 할머니의 중요한 임무 중 하나다.

아이가 울 때에는 적극적으로 반응해주고 달래주고, 원하는 것을 채워주도록 하자. 그래야 긍정적인 성격을 가진 밝고 명랑한 아이로 성장할 수 있다.

울음의 유형

배고플 때 내는 울음
눈을 뜨고 입을 벌려서 운다. 아이 입 주변에 손을 대면 바로 고개를 돌려 빨려고 입술을 내밀기도 한다. 이때는 우유를 주는 시간과 우유양을 살펴보자. 우유를 주는 시간이 다 되었거나 우유양이 부족해서 울 수도 있기 때문이다.

잠이 올 때 보이는 울음
눈을 감았다 떴다 하며 칭얼거린다. 날카롭지 않은 중간 음으로 표정의 변화나 눈물 없이 조용하게 운다. 이럴 때는 아이가 편안히 잠들 수 있는 환경을 마련해주자. 집안을 어둡게 하고 텔레비전이나 시끄러운 라디오는 끈다.

더 안아달라거나 놀고 싶다고 투정부리는 울음
눈물 없이 우는 경우다. 팔다리를 바동거리며 눈을 이리저리 굴린다. 이때는 잘 달래주고 눈을 맞추며 놀아준다.

기저귀를 갈아달라고 우는 울음
잘 놀다가 갑자기 우는 경우다. 잠이 오거나 배가 고파서 울 때는 아이가 얌전하게 굴지만 활발하게 잘 놀다가 울면 기저귀를 확인해보자. 혹시 옷이 더러워져 아이가 불쾌감을 느껴서 울 수도 있으니 옷을 살펴본다.

질병을 알리는 울음
자다가 우는 경우다. 이럴 때는 아이 배를 살살 문질러주거나 따뜻한 물을 먹여 트림하게 하면 다시 잠이 잘 든다. 보채는 정도가 심하면 '중이염'이나 '장중첩'이 의심되므로 의사의 상담을 받아보는 것이 좋다.

전쟁을 치르는 식사 시간

"한 입만 더 먹자.", "밥 먹으면 사탕 줄게. 장난감 사줄게." 식사 때마다 아이를 따라다니면서 먹이느라 안 그래도 휜 허리가 더 휠 것 같은 할머니들이 많을 것이다. 먹기 싫다며 도망가는 아이를 타일러도 보고 야단치거나 윽박질러 보기도 한다. 혹은 억지로 노는 아이 입에 수저를 들이밀거나 온갖 회유도 해본다. 그야말로 식사전쟁이 따로 없다. 그러나 아이들은 먹지 않는다. "제발 좀 먹으렴." 말이 통하지 않는 이런 상황이 똑같이 반복되면 할머니들은 지칠 수밖에 없다. 하지만 포기할 수 없고 포기해서도 안 된다. **바로 지금이 아이의 식습관을 형성하는 데 가장 중요한 시기이기 때문이다.**

할머니들은 늘 아이가 아무것도 안 먹는다고 말한다. 하지만 자세히 들여다 보면 아이는 사탕, 요구르트, 과일주스, 빵, 과자 등 밥을 대신할 무언가를 끊임없이 먹고 있다. 아이가 밥을 안 먹으니 간식이라도 먹여야 한다는 생각에 자꾸 무언가를 주는 할머니가 있는데 이런 행동이 아이의

 58 기본 육아 상식

식습관을 더 망가트린다. 간식이 주식이 되기 때문이다. 자, 그렇다면 지금부터 '전쟁 같은 식사시간'을 '행복한 식사시간'으로 바꿔줄 몇 가지 방법을 알아보자.

밥 대신 먹는 모든 간식을 줄여라.

사람이 공복감을 느끼게 되는 것은 '먹는 양'이 아니라 '혈당'이라는 사실을 알고 있는가? 그러므로 적어도 식사 2시간 전에는 간식을 주지 말자. 달콤한 맛에 길들여진 아이에게 밥이 맛없는 것은 어쩌면 당연한 일이다. 간식을 먹겠다고 떼를 쓴다면 차라리 식사 후에 간식을 주는 방법을 택하자. 식사 전에 밥을 남기면 간식을 먹을 수 없다는 규칙을 세워보는 것도 좋다.

'배고프면 먹고 아니면 말고' 라는 태도로 대하라.

"제발 좀 먹어라. 이거 줄까? 이거 먹을래? 이거 다 먹으면 장난감 사줄게." 내지는 "이거 남기면 혼나! 이거 다 먹어야 해." 등 온종일 먹는 얘기로 밥 먹는 일을 엄청나게 특별하게 만드는 것은 오히려 아이들에게 스트레스만 준다. 평소와 같이 밥을 차려놓고 밥 먹자고 권유했을 때 '안 먹겠다'라고 한다면 차라리 "그래? 그럼 할머니는 맛있게 먹어야지." 하며 두 번 이상 권하지 말고 아이의 밥그릇을 치우는 것이 좋다. '더는 밥 먹는 것으로 너를 힘들게 하지 않겠다'라는 의사표시를 확실히 한 뒤 스스로 오기를 기다리자.

'한 숟가락만 더'에 집착하지 마라.

먹기 싫은 아이에게 한 숟가락 더 먹인다고 그 한 숟가락의 영양은 아무 의미도 없다. 오히려 배부르게 먹었음에도 더 먹으라고 강요하는 것은 아이를 또다시 지치게 할 뿐이다. 차라리 밥그릇을 작은 사이즈로 바꾸고 밥의 양을 조금씩 덜어주는 것이 더 도움이 된다.

올바른 식사 습관을 위한 8가지 방법

싫어하는 특정 반찬을 강요하지 마라
부정적인 감정까지 이입되어 별로 먹고 싶지 않았을 뿐이었던 음식이 절대로 먹기 싫은 음식으로 변할 수 있다.

먹는 것으로 보상하지 마라
보상이 주어지지 않았을 때는 부정적인 효과도 나타나기 때문이다.

식탁에서 먹는 습관을 길러라
돌아다니면서 먹지 않고 식탁에서 다른 가족들과 함께 먹도록 하면 '모두가 지켜야 하는 식사습관'이라는 생각을 하게 된다.

먹여주지 마라
아이가 스스로 먹게 하는 기회조차 빼앗는 것이다.

식사가 끝난 후에도 주변에 아이가 흥미를 끌 만한 것들을 치워라
놀이에 빠져서 밥을 안 먹으려고 하기 때문이다.

TV 시청을 하지 마라
TV에 한 눈이 팔려 밥을 먹으려 하지 않기 때문이다.

식사시간이 지나면 바로 음식을 치워라
식사가 끝난 후에도 밥상을 치우지 않고 있다면 아이들은 언제라도 먹을 수 있는 것으로 인식해 밥을 더 먹지 않는다.

미리 식사시간을 말해주라
"10분 후에 밥 먹자." 하고 먼저 말해주면 아이가 마음의 준비를 할 수 있게 된다.

세살 버릇 여든까지 간다

할머니들은 손자, 손녀들이 하는 짓은 무엇이든 다 예쁘고 귀여워 보인다. 아들, 딸 키울 때보다 손주가 몇 백 배는 더 사랑스럽다며 아이 고집대로 맞춰주곤 한다. 그러나 할머니의 무조건적인 사랑을 받고 자란 아이는 자기중심적이고 버릇없는 성격이 되기 쉽다. 엄마가 잔소리하면 할머니는 감싸고 다독이다 보니 자립심이 부족한 아이로 자라나는 것이다. 엄마들은 아이가 조금만 징징거려도 할머니가 다 받아주어 응석받이가 된 것이 아닌가 싶어 걱정스럽기만 하다. 그래서 자신이라도 단호하게 해야 하지 않을까 싶어 눈물을 쏙 뺄 정도로 아이를 혼낸다. 그런데 이럴 때 할머니가 엄마를 나무라면 다 된 밥에 재 뿌리는 격이 된다.

  물론 애정을 듬뿍 주면 아이의 인격형성에 많은 도움이 된다. 할머니들의 포용력은 아이들의 정서를 안정시키고 친밀감을 높여주기 때문이다. 그러나 애정이 지나치면 의타심이 강해져 버릇이 나빠질뿐더러 무엇이든 혼자 할 수 없는 아이가 되어버린다. 옥이야 금이야 키운 손자가 다칠까 봐 아이 스스로 할 수 있는 것도 하나부터 열까지 할머니 손으로 도와주다 보니 아이들은 누군가가 도와주는 것을 당연하게 생각하게 되는 것이다. 또한 떼쓰고 징징거리면 할머니가 다 해결해주기 때문에 참을성 없는 아이가 되기 쉽다. 예를 들어 아이가 우유를 달라고 보채 때마다 시도 때도 없이 우유를 타주면 우유 떼는 시기가 늦어질 수도 있다. 그리고 이유식을 먹일 때 아이가 음식을 흘리더라도 직접 숟가락 쓰는 법을 배우게 놔둬야 하는데 그 모습이 안타까워 매번 떠먹여주면 숟가락 쓰는 시기도 늦어지게 된다. 지나친 과잉보호를 피하고 아이에게 적절한 제한을 주어야 한다.

그렇다고 갑작스럽게 "이렇게 하면 안 돼!"라고 모든 것을 제재하고 고치려 하지 말자. 가장 중요한 문제부터 바로잡되 천천히 길들여야 한다. 앞에서 말했듯 아이 엄마와 상의해 '해도 되는 것'과 '해서는 안 되는 것'을 정하는 것이 좋다. 그리고 할머니와 엄마의 교육원칙을 통일해 일관된 원칙에 따라 훈육이 이루어지게 해야 한다. 할머니와 엄마의 교육관이 서로 다르면 가장 피해를 보는 사람은 아이라는 점을 명심하자. 마지막으로 아이가 규율을 잘 지키고 있는지 체크하고 동시에 아이의 행동에 영향을 미치는 주위 환경을 점검해봐야 한다. 하지만 무엇보다도 아이가 스스로 할 수 있도록 격려하고 그것을 성취했을 때 충분한 칭찬을 해주는 것이 중요하다.

안 자고 버티는 아이

할머니들은 아이가 밤에 자지 않고 계속 울고만 있으면 걱정이 될 수밖에 없다. 성장호르몬 때문에라도 밤에 꼭 자야 하는데 안 자고 멀뚱멀뚱 쳐다보고만 있는 아이를 외면하고 잘 수도 없는 노릇 아닌가! 특히 신생아 중에는 낮에 자고 밤에 노는 아이도 있어서 속을 썩히기도 한다. 그러나 이것은 지극히 정상이다. 태어난 지 한 달은 돼야 서서히 낮과 밤의 차이를 구분하기 때문이다. 엄마 뱃속에 있던 아이가 완전히 세상에 적응하려면 시간이 걸리기 마련이다.

밤낮이 뒤바뀐 아이, 낮잠을 1시간 이상 못 자는 아이, 새벽에 깨어 30분 이상 우는 아이 등 손주의 수면장애를 호소하는 할머니들이 많다. 그럴 땐 먼저 기저귀가 젖었는지, 배가 고픈지, 너무 덥거나 춥지는 않은지 울음의 원인을 찾아서 해결해주는 것이 좋다. 아이는 정확한 시간에 맞춰 잠이 드는 인형이 아니다. 한 번 잠들면 밤새 깨지 않는 모범생 아이만 있는 것도 아니다. 그러므로 우선 아이가 잠을 잘 수 있는 환경을 만들어주는 것이 중요하다. 자기 전에 목욕을 시켜주거나 이 책 4장에 소개한 베이비 마사지도 도움이 된다. 즉 아이의 등, 엉덩이, 다리 부분을 3분씩만 쓸어주듯이 만져주자. 또한 아이를 재우는 곳이 경사가 지도록 비스

듬하게 만들어주는 것도 좋은 방법이다.

  마사지가 끝나고 아이가 잘 것 같은 반응이 온다면 아이를 조용하고 어두운 방안으로 데리고 간다. 아이를 똑바로 놓고 팔다리를 이불로 싼다. 어른들은 피곤하면 몸이 늘어지지만, 아이들은 긴장해서 팔다리를 휘두르기 때문이다. 아이를 이불로 쌌으면 똑바로 세워서 안고 조용히 앉아보자. 이때 자장가를 불러주면 좋다. 아이 눈이 가물가물거리다가 완전히 감겼으면 조용히 아이 침대로 데려간다. 도중에 아이가 깨서 칭얼거리면 쉬쉬 다독여주는 것도 잊지 말자. 아이가 완전히 잠이 든 것 같으면 몇 분 지켜보다가 방에서 나오면 된다.

  아울러 평소에 베이비 마사지 등으로 할머니와 스킨십을 많이 한 아이일수록 밤에 자주 보채는 일이 적다는 것을 명심하자. 아이가 편안하게 잘 잔다면 아이뿐만 아니라 할머니도 생활의 활력을 찾을 수 있을 것이다.

> **Tip 자장가 추천 곡**
>
> 나뭇잎 배
> 반달
> 섬집 아기
> 등대지기
> 과수원 길
> 노을
> 브람스 자장가
> 모차르트 자장가

손주의 천성은 변할 수 있다

할머니들은 흔히 아이의 성격을 정의 내릴 때, **"손주가 애 아빠 닮아서 예민해. 애 엄마 닮아서 얌전하다니까."** 하고 규정지어버리기 쉽다. 타고난 천성은 어쩔 수 없다고 생각해버리는 것이다. '우리 손주는 태어날 때부터 소심했으니까' 혹은 '애 엄마, 아빠가 과격하고 강하니까' 하면서 체념하듯 아이를 내버려두기도 한다. 그러나 **아이의 성격은 타고나는 것이 아니라 만들어진다!**

주위 환경과 더불어 양육을 맡은 할머니의 행동은 타고난 유전자보다 더 아이에게 영향을 미친다. 그뿐만 아니라 아이 때 형성된 성격이 커서 성격을 좌우하므로 할머니의 역할은 매우 중요하다. 그러나 아직 완벽하게 성격이 굳어진 것이 아니기 때문에 이미 형성된 기질도 할머니의 관심 여하에 따라 교정이 가능하다. 먼저 우리 손주가 어떤 천성을 가졌는지 알아보자.

기질은 '활동성', '규칙성', '접근성', '적응성', '민감성', '기분의 질', '산만성', '지속성'을 포함한다. 여기서 '접근성'이란 새로운 자극에 대한 '부정적'이거나 '긍정적'인 반응을 말하고, '지속성'이란 행동을 방해할 때 아이가 얼마나 활동을 지속할 수 있는지 여부를 말한다.

손주 성격 파악하기

까다로운 아이

우유를 줄 때 자세가 조금만 바뀌어도 쉽게 짜증을 내는 등 주변 환경에 영향을 쉽게 받는다. 또한 우유를 먹을 때도 꾸준히 빨지 않을뿐더러 조금의 소음에도 먹는 것을 거부하기도 한다. 잠을 잘 때에도 잠이 오는 시간을 놓치면 다시 재우는 데 시간이 두 배로 더 걸린다. 이런 아이는 새로운 환경, 낯선 사람 등 변화에 적응할 수 있도록 배려를 해줘야 한다. 항상 뭔가를 하기 전에 충분한 설명을 해주고 언제나 할머니가 옆에 있다는 것을 느끼도록 도와줘야 한다. 또한 주의를 다른 곳으로 돌리기 쉽지 않기 때문에 까다로운 아이들은 고집이 센 편이다. 따라서 아이가 고집을 부린다고 쉽게 요구를 들어주거나 무시하지 말고, 할머니가 아이의 마음을 이해하고 있다는 사실을 알려야 한다.

씩씩한 아이

활력이 넘치고 매우 활동적인 아이로 우유를 빨 때 조급해한다. 담요에 싸여 잠자는 것을 싫어하기 때문에 가끔 할머니가 담요를 덮어주면 담요를 다 차버린다. 또한 뭔가를 원하면 충동 조절이 어려워 당장 누군가가 들어주어야 직성이 풀리는 타입이다. 고집이 세고 감정 기복이 심해 한번 떼쓰면 달래기가 쉽지 않으므로 지나친 자극을 주지 않는 것이 상책이다. 너무 피곤하면 감정적으로 돌변하기 때문에 아이 상태가 좋지 않으면 가만히 등을 두드려주며 진정을 시킨다. 그러나 모든 상황에 뛰어들 준비가 되어 있으므로 활동적인 놀이와 안전한 탐험의 기회를 제공하면 좋다.

심술부리는 아이

무엇을 진득하게 기다리지 못하므로 우유를 매우 성급하게 빤다. 또한 편식을 한다는 특성이 있다. 활발하게 돌아다니지 않으며 혼자 놀기를 좋아한다. 방해받는 것을 싫어하므로 한 가지 활동을 끝내고 다른 것을 시작해야 한다. 따라서 아이가 놀고 있을 때 할머니가 섣불리 끼어들지 말고 원하는 것을 하게 한다. 종종 자지 않으려고 버티다가 결국 할머니 등에서 칭얼거리다가 잠이 든다. 이런 아이들은 다른 아이들처럼 많이 웃지 않는다. 익숙하지 않은 환경에 짜증을 낼 수 있으므로 너그럽게 받아들이는 것이 좋다.

온순한 아이

칭얼거림 없이 우유도 잘 빨고 혼자서도 잘 놀다가 할머니 도움없이 스스로 잠도 잘 잔다. 보통 태평하고 명랑하며 자극이나 변화에 그다지 민감하지 않다. 감정 표현도 분명해서 할머니가 웬만하면 다 알아듣는다. 이런 아이는 여러 손주가 있으면 편애하기 쉽다. 그러나 자칫 **자율성이나 주도성이 저하될 수 있으므로 항상 할머니의 말을 따르도록 강요하지 말아야 한다.** 온순하지만 수줍음이 많고 반응이 느린 아이도 있다. 그러나 다소 아이가 더디게 행동하더라도 도와주지 말고 아이 스스로 할 수 있도록 끈기를 가지고 지켜봐주는 것이 바람직한 할머니의 자세다.

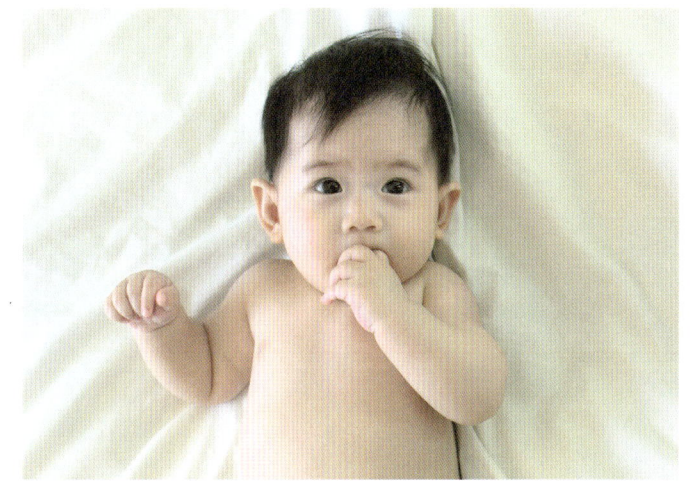

할머니는 아이의 거울이다

아이의 천성을 파악했다면 기질에 맞게 아이를 잘 키우기 위해서 할머니가 양육자로서의 자신을 객관적으로 평가할 필요가 있다. 아이의 뇌는 계속해서 발달하고 있으므로 긍정적인 영향을 끼칠 수 있도록 할머니의 역할이 중요하다. 다음의 4가지 유형 중에서 **'나는 어떤 유형에 속하는가?'** 를 파악해보자. 단 극단적인 특징만을 묘사했으니 대체로 자신이 어떤 유형에 속하는지만 알아보면 된다.

자신감 있는 할머니

편안하고 느긋해서 어떤 성격의 아이와도 궁합이 잘 맞고 위급 상황에도 유연하게 대처한다. 또한 아이의 신호를 능숙하게 읽어낸다. 인내심도 많으므로 심술쟁이 아이와도 잘 지내며, 예민한 아이를 위해선 기다려 주기도 한다. 씩씩한 아이를 키우는 데 필요한 체력과 창의성도 갖고 있는 등 엄마 못지않게 나름의 육아 철학을 가진 할머니다.

예민한 할머니

육아에서 오는 스트레스와 체력 저하로 무기력감을 느끼는 타입이다. 순한 아이나 모범생 아이와는 잘 지내지만 아이가 기분이 좋지 않으면 자신의 탓으로 돌리며 자책한다. 자주 울음을 터트리는 예민한 아이나 심술쟁이 아이와 궁합이 잘 맞지 않는다. 문제가 생기면 쉽게 좌절하고 딸이나 며느리에게 하소연도 많이 털어놓는다. 자기 마음대로 하고 싶어 하는 씩씩한 아이에게는 쩔쩔맨다. 그러나 눈치가 빠른 것이 장점이다.

활동적인 할머니

항상 움직이고 뭔가에 참여하는 것을 즐기는 타입으로 하다못해 아이를 재워놓고 고스톱이라도 치러가야 직성이 풀린다. 며느리나 딸의 충고를 받아들이지 않는 경향이 있다. 아이를 여기저기 데리고 다니기 때문에 차분한 아이를 지치게 하고 혼란에 빠뜨릴 수 있다. 모든 것을 자신의 기준에 맞추기 때문에 예민한 아이에게 화를 낸다. 또 아이의 변덕이나 적응력 부족에 실망하고, 씩씩한 아이와 실랑이를 벌일 수 있다. 그러나 새로운 것을 시도하고 모험을 해보도록 격려하는 장점이 있다.

완고한 할머니

아이가 그동안 자신의 육아경험과 다르게 반응하면 당황한다. 고집이 세서 타협하지 않는다. 며느리나 딸에게 항상 불평하고 투덜거린다. 차분한 아이도 못마땅한 점에 초점을 맞춘다. 예민한 아이의 울음을 견디지 못한다. 씩씩한 아이는 끊임없이 진정을 시키고 따라다녀야 하므로 성가시게 여긴다. 그리고 고집이 세고 잘 웃지도 않는 심술쟁이 아이에게는 자주 화를 내게 된다. 하지만 완고한 할머니의 장점은 일단 문제가 있다는 것을 받아들이게 되면 어떤 어려움이 있어도 밀고 나간다는 것이다.

신뢰감 형성이 답이다

이 모든 유형의 할머니가 손주의 천성과 궁합이 잘 맞으려면 신뢰감 형성이 필수적이다. 신뢰감을 형성해야 손주의 정서도 안정된다. 신뢰감을 형성해줄 수 있는 8가지 방법을 알아보자.

귀를 기울여라

아이 울음과 행동을 보고 아이가 왜 우는지 기분이 어떤지를 이해하려고 노력해보자. '나는 손주에 대해 잘 알고 있는가?'를 생각해보자. 우리 손주의 기질은 활동적인가, 예민한가, 잘 우는가, 잘 삐치는가, 만일 아이의 감정을 정확하게 읽을 수 없다면 아이가 보내는 신호에 충분한 관심을 기울이고 있지 않다는 뜻이다.

대화를 나누어라

아이에게 일방적으로 이야기하기보다는 눈을 마주 보고 대화를 주고받자. 그러면 아이가 비록 말은 못하지만 할머니의 마음을 감지하고 옹알이나 울음으로 반응을 보일 것이다. 아이가 옹알이하는 것은 할머니와 대화를 시도하는 것과 같다. 이 같은 아이와의 대화에서 할머니가 웃음이나 화답으로 반드시 답해주어야 아이가 신뢰감을 갖게 된다.

아이의 물리적 공간을 존중하라

아이가 아직 말귀를 못 알아듣는다고 해도 다음에 무엇을 할 것인지를 항상 설명해준다. 예를 들어 기저귀를 갈 땐 "할머니가 기저귀를 채워줄게."라고 말하고, 유모차에 태워 산책하러 나간다면 "이제 밖에 나갈 거니까 옷을 갈아입자."라는 설명을 해주자.

아이의 울음을 무시하지 마라

아이는 울음으로 감정을 표현한다. 그래서 아이에게 우는 이유를 대신 설명해주면 감정 언어에 익숙해질 수 있다. 예를 들면 다음과 같다. "배가 고픈가 보구나. 3시간 동안이나 안 먹었으니까." "피곤해서 졸린가 보구나."

아이의 감정을 알고 적절하게 행동하라

아이의 머리 위에 매달린 모빌에서 음악이 나올 때마다 아이가 운다면 "너무 자극적이에요."라는 뜻이다. 모빌에서 나오는 음악을 끄고 바라보기만 하면서 놀 수 있도록 해주자.

아이를 달래는 방법을 터득하라

대부분 아이는 담요에 싸여 있는 것을 좋아하지만 씩씩한 아이와 심술쟁이 아이는 답답해하고 흥분하기 쉽다. 또한 까다로운 아이에게는 쉬쉬 다독이며 재우는 방법이 적합하지 않다. 아이의 성격별로 할머니만의 새로운 방법을 찾아내 아이를 재워보자.

낮잠과 취침 시간을 지켜라

아이가 충분히 잠을 자면 어떤 문제가 생겨도 짜증과 울음이 덜 하다. 특히 까다로운 아이라면 안전하고 조용한 장소에 침대를 놓고, 낮잠을 잘 때는 방을 어둡게 해준다.

아이의 컨디션이 좋은 시간에 활동하라

어떤 아이라도 지나치게 피곤하거나 자극을 받으면 감정에 따라 행동하기 쉽다. 밖에 나갈 때는 아이의 기질과 시간을 고려하자.

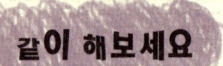 # 애착 발달 놀이

애착이 형성되는 2개월부터 다양한 놀이를 하면 할머니와 유대감 강화는 물론 아이의 두뇌 발달에 도움이 된다. 아이의 두뇌 발달은 신체적인 성장 발달과 밀접한 관계가 있다. 할머니가 이 시기에 적극적으로 반응해주면 성장발달을 촉진시킬 수 있을 뿐만 아니라 더 할머니를 따르게 된다.

2개월

이 시기의 아이는 눈 맞추기와 과장된 표현을 좋아한다. 눈썹을 위로 치켜들면서 눈을 크게 뜬 표정만 보여줘도 좋아한다. 색다른 소리를 들려주는 것도 좋다. 부드러운 차임벨이나 방울 소리 등에 관심이 많은 시기이다. 또한 '똑딱똑딱' 하는 등의 혀 차는 소리도 좋아한다. 머리카락을 만져주거나 배를 문질러주는 것도 좋은 방법이다. 배에서 목까지 손가락 걷기를 하면서 "우리 아기 만나러 갑니다." 등의 말을 건네면 무척 재미있어 할 것이다.

4개월

아이와 눈을 맞추면서 대화를 나누고 소리 내어 웃어준다. 이 시기에 아이는 재미있는 표정을 지으면서 눈을 맞추고 말을 건네면 좋아한다. 소리를 따라 하는 것도 좋다. 그러면 자기가 하는 말을 할머니가 듣고 있다는 것을 알고 이해받는다고 느낄 것이다.

6개월

장난감을 입에 가져가거나 바닥에 내리치는 행동을 하는 시기다. 이때 팔에 아직 힘이 없으므로 무거운 물건을 주어서는 안 된다. 까꿍 놀이를 해주는 것도 좋다. 손으로 얼굴을 가렸다가 "우리 손자 어디 있나?", "아, 여기 있네."라고 말한다. 그러면 아이는 웃기도 하고 할머니의 얼굴을 찾으려고 가리고 있는 손을 떼어내기도 할 것이다. 마지막으로 이유식을 먹일 때 짧고 간단한 노래를 불러주자. 숟가락을 올렸다가 내렸다가 하면서 아이 입으로 가져가는 동작으로 재미를 북돋워주는 것도 아이에게는 재미있는 놀이가 된다.

8개월

손을 흔들면서 인사하거나 공굴리기, 블록 맞추기 등으로 함께 놀아주면 좋은 시기다. 아이는 할머니가 하는 행동을 흉내 내면서 즐거워할 것이다. 숨기기 놀이도 있다. 아이가 보는 앞에서 물건을 감추면서 어디 갔는지를 두리번거리면서 찾거나 의자 뒤에 숨어서 "할머니 어디 갔을까?" 하고 물으면 할머니를 찾으러 기어 다니면서 즐거워할 것이다.

10개월

이 시기에 아이들은 새로운 것을 탐색하기 시작한다. 커다란 상자를 비운 다음 바닥에 놓아두면 아이는 십중팔구 안으로 들어가 놀기 시작한다. 숨바꼭질을 해주면 좋을 시기이기도 하다. 또한 그림책을 읽어주면서 책 속 그림에 대해 질문을 해보자. 이런저런 그림을 가리켜보라고 하면 제법 잘 찾아낼 것이다. 여러 가지 물건이나 그림을 보면서 색깔을 가르쳐주어도 좋다.

무엇보다 가장 중요한 것은 '일관성 있는 양육'이다.

할머니도 사람이다 보니 기분이 좋을 때는 아이에게 잘 해주고 잘 반응해주지만

기분이 좋지 않거나 힘들 땐 아이의 반응을 무시하거나 이중적인 모습을 보이게 된다.

아이에게 한결같은 모습을 보여주어야 아이가 안심하고 할머니와 친밀하고 편안한 관계를 맺을 수 있다.

3장

실제 육아 적용

우리 아이 끈질긴 아토피 퇴치기

저희 애는 아토피가 있어요. 어머님께서 아이를 봐주실 때부터 태열과 아토피를 달고 살았어요. 어머님은 아이가 태어난 지 얼마 안 됐을 때부터 '아이는 무조건 따뜻하게 키워야 한다'며 항상 보일러를 지글지글하게 틀어놓고 아이를 재웠던 게 원인이었습니다. 퇴근 후 어느날이었어요. 아이가 방 안에서 울고 있길래 얼른 뛰어 가보니 얼굴이 빨갛게 익어 있더라고요. 그리고 온 얼굴을 뒤덮은 오돌토돌한 아토피들…… 저는 너무 속상했지만 어머님 앞에서 차마 티를 낼 수 없었습니다. 그때부터 긁으려고 발악하는 아이와 긁지 못하게 막는 저 사이의 아토피 전쟁이 시작되었지요.

처음에는 병원에 가려고 했어요. 그런데 또 어머님께선 괜찮다며 아토피는 병원에 가도 소용없다고 하시더라고요. 그리고는 어머님께서 국화가 아토피에 효과가 있다는 말을 어디서 들으셨는지 국화 즙을 짜서 가져오셨어요. 그리고는 아이의 환부에 국화 즙을 발랐지만 며칠이 지나도 붉은 기는 가라앉지 않았지요. 나중에 찾아보니 환부에 국화 즙을 바르면 오히려 미생물 감염을 초래해 아토피를 더욱 악화시킬 수 있다고 하더라고요.

하지만 어머님께서는 주위에서 아토피에 좋다고 하는 것들을 끊임없이 시도해보셨어요. 삼백초와 어성초도 달여 먹여보고, 양모 이불이 좋다 해서 양모 이불로 싹 바꿔도 보고, 백반에 식초를 섞어 발라도 보고, 알로에도 붙여보고, 소금이나 죽염으로 아이 목욕도 시켜봤지만 모두 효과가 없었어요. 오히려 아토피 증상이 악화되고 아이의 가려움증은 더 심해져만 가는 것 같았습니다.

그러다 제가 아토피에 대해 공부하기 시작하면서 위 방법들이 잘못된 방법이라는 것을 알게 되었습니다. 삼백초는 사람에 따라 구토를 일으킬 수 있고 어성초는 몸이 허약한 아이들에게 오히려 위험하다는 연구결과를 보았거든요. 또한 양모 이불은 흡수 및 통풍이 잘 안 되는 소재인데다 양모 자체가 단백질 성분이기 때문에 피부에 자극을 줄 수 있다고 쓰여 있더라고요. 따라서 아토피 환자는 양모 이불을 덮으면 오히려 증상이 악화되는 거죠. 자극적인 식초를 환부에 바르는 것도 순간적인 가려움이 없어질 순 있어도 실제로 염증은 더 심해진다더군요. 피부에 순하다는 알로에도 껍질에 독성이 있어 피부 발진 등의 위험이 있었고, 소금을 탄 뜨거운 물에 아이를 목욕시키는 것도 피부 보호막을 손상시켜 2차 감염이 쉽게 될 수 있다고 하더라고요.

어머님도 처음에는 병원에 가는 걸 말리시며 아토피를 대수롭지 않게 여기셨는데 가려움 때문에 매일 울부짖는 아이를 보고 나서는 이대로는 안 되겠다고 병원에라도 가보자며 먼저 발걸음을 재촉하셨어요. 그렇게 저희 세 사람은 뒤늦게 병원을 찾게 되었습니다. 의사 선생님은 왜 이제야 왔느냐며 야단을 치시더라고요. '잘못된 민간요법과 육아상식만 바로잡았더라면……' 하는 후회가 들었어요.

저는 요즘 주변 사람들에게 주위에 말에 너무 현혹되지 말고 병원 가는 것도 미루지 말라고 말하고 다녀요. 잘못된 육아 상식은 바로 잡고 할머니나 엄마부터 똑똑해져야 아이도 건강하게 잘 클 수 있다고 덧붙이면서 말이에요.

누구보다 소중한
우리 손주 건강관리법

태열과 아토피

태열과 아토피는 언뜻 비슷해 보이지만 엄연히 다른 질병이다. 생후 3개월 이후부터 시작되는 '태열'은 흔히 발생하는 증상으로 얼굴에 염증과 진물이 나면서 아이 얼굴이 빨개지는 것을 말한다. 생기는 원인은 임신 중 과도한 스트레스와 짜고 맵고 자극적인 음식물의 섭취다. 반면 '아토피'는 유전적으로 면역력과 관계가 있으며 음식물이나 과자 등이 원인이 되는 체질 질병에 속한다. 보통 엄마들은 아이 얼굴에 뭐가 나고 빨개지면 아토피라고 마음속으로부터 확정을 지어놓고 진찰을 받는 경우가 많은데, 이 둘은 정확히 구분할 줄 알아야 한다.

얼굴이 빨개졌다고 해서 '아토피'라고 쉽게 단정 지으면 위험하다. 일시적으로 지나가는 피부 질환인 '태열'일 수도 있기 때문에 보통 병원에서는 3개월 정도가 지난 후에 다시 오라고 하는 경우가 많다. 의사들조차 아토피의 초기 증상인지 태열의 일시적인 증상인지 구분하기가 쉽지 않기 때문이다. 태열이 생긴다고 해서 다 아토피가 되는 것도 아니므로 소아과에서도 돌이 지나봐야 정확하게 태열이 아토피가 될 것인지, 그저 단순한 열로 인한 것인지를 알 수 있다.

할머니들은 옛날에 태열을 백일이 지나면 사라지는 가벼운 증상으로 여기고 큰 질병으로 생각하지 않았다. 그러나 과거와 달리 현재 우리나라에서는 전체 아동의 25%가 태열로 고생하고 있다. 심하면 소아 아토피로 증상이 악화되면서 가려움과 진물, 딱지 등으로 고통받게 되는 것이다. 또한 이런저런 방법을 동원해서 아토피를 고쳤다가도 다시 재발하는 경우가

태열과 아토피

Tip

태열이 생긴 아이 목욕시 주의해야 할 점

미지근한 물이 좋다.

탕욕은 너무 오래 하지 않는다.

땀이 많이 난다고 해서 하루 서너번 샤워는 피한다. 하루 한두 번이 적당하다.

로션이나 오일 등 보습제를 이용해 충분히 수분을 주어 건조하지 않도록 한다.

보습이 잘 유지되는 바쓰나 아토피용 비누로 씻어준다.

소아 아토피 예방법

며느리나 딸이 아이에게 모유 수유를 하고 있다면 음식조절에 신경을 쓸 수 있게 돕는다.

정전기가 나거나 자극을 주는 섬유보다는 면으로 된 옷을 입힌다.

이유식을 할 경우 알레르기를 일으키는 우유, 땅콩, 달걀 등을 피한다.

따뜻한 물로 목욕하면 혈액순환이 원활하게 되어 면역력이 약한 아이에게 도움이 된다.

건조함을 유발하는 공업용 오일보다는 보습력이 풍부한 식물성 오일을 사용한다.

너무 춥거나 덥지 않도록 온도를 조절하며 주변 환경에 신경을 써준다.

부지기수다. 서구화된 식생활 습관과 황사, 건조하고 습한 날씨, 오염된 환경 때문이다.

한편 태열과는 다른 증상이지만 '땀띠'도 할머니가 많이 걱정하는 부분이다. 땀띠는 땀샘의 밀도가 높아져서 생기는 증상으로 열이 많은 아이에게 흔하게 나타난다. 땀띠가 심할 땐 옷을 가볍게 입혀서 바람이 잘 통하게 도와주고 시원한 물수건으로 부드럽게 닦아주면 좋다.

그 외 건강관리법

잘 자던 아이가 밤에 이유 없이 깨어나 동네가 떠나가라 운다면 '영아 산통'이나 '성장통'을 의심해볼 수 있다. 보통 이런 아이들은 낮잠을 자는 것도 어려워한다. 특히 태어난 지 얼마 되지 않은 신생아가 숨이 넘어갈 듯 온몸으로 운다면 누구나 당황할 것이다. 하지만 이는 장기가 다 발달되어 있지 않은 아이들에게 흔히 일어나는 현상이다. 장기가 아직 다 자리 잡지 않았기 때문에 배에 가스가 자주 차 불편을 느낄 수도 있고, 급격히 자라면서 다리와 온몸에 통증이 오는 증상을 겪을 수도 있다. 성장통이 유독 심하다면 따뜻한 탕에서 하는 목욕이나 마사지가 도움이 된다.

'황달'은 금방 태어났을 때는 눈에 띄지 않다가 1~2주 전후로 발견되는 증상이다. 아이의 눈과 피부가 점점 노랗게 변하면서 황갈색으로 변하는데 보통 신생아 때 주로 나타난다. 이런 증상은 인큐베이터에서 치료를 받으면 1~2주 내로 자연스럽게 사라진다. 하지만 중증황달은 전문적인 치료가 필요하기 때문에 전문의와 상담을 받아보는 것이 좋다.

'설사'는 원인이 여러 가지다. 장 안의 바이러스 때문에 생긴 경우도 있고, 여름에 너무 찬 것을 먹거나 잠잘 때 이불을 안 덮고 배를 차갑게 해서 생긴 경우도 있다. 설사가 심해지면 아이에게 탈수현상이 생긴다. 또한 전해질이 불균형해지면서 항문이 짓무르는 증상인 발진이 생길 수도 있다. 또 배설물에 피가 섞여 나오기도 한다. 이럴 땐 의사를 찾아가 진찰을 받고 약을 먹으면서 배를 따뜻하게 유지시켜주면 좋다.

한편 모유를 먹는 아이들은 우유를 먹는 아이들에 비해 변이 묽은 편이다. 간혹 할머니들은 이것을 설사라고 생각하는데 자연스러운 현상이니, 변이 묻은 엉덩이만 세심하게 관리해준다면 걱정할 필요 없다. 항문 주위와 엉덩이 주변을 관리할 때는 오일을 발라주는 것을 권한다. 오일 성분이 아이 엉덩이에 흡수되어 항문이 짓무르는 것을 예방하기 때문이다. 엉덩이와 항문 주위가 이미 많이 붉어지고 발진이 생긴 상태라면 파우더보다는 다이애퍼 크림을 사용해주면 붉은 부위가 많이 가라앉는다.

꼭 알고 맞춰야 하는 예방접종

대부분의 예방접종은 나라에서도 필수적으로 권장할 정도로 보편화되어 있다. 초등학교 학생들을 조사해보면 예방접종을 안 한 아이가 없을 정도다. 혹여나 전염병에 걸리게 되면 다른 아이들에게 퍼질 우려가 있기 때문이다. 손주의 손을 깨끗이 씻어주는 것만으로도 많은 전염병 및 질병을 예방할 수 있지만, 예방접종을 해야 항체가 만들어져 면역력이 생기는 질병도 있으므로 이는 필수다. **손주를 사랑한다면 엄마들이 따로 챙기지 않아도 할머니가 스스로 잊지 말고 예방접종을 챙겨보는 건 어떨까?** 자, 이제 똑똑한 할머니가 되기 위한 첫걸음으로 예방접종의 종류를 살펴보도록 하자. 아래는 보건소를 기준으로 하는 예방접종이므로 모두 무료이다.

BCG (결핵예방백신)
만 4주 이내에 접종해야 한다.

PDT (디프테리아, 백일해, 파상풍 예방)
생후 2, 4, 6개월이 되는 때에 총 3회 접종해야 한다. 생후 15~18개월, 4~6세, 14~16세가 되면 추가로 접종해야 한다.

Polio (소아마비 예방)
생후 2, 4, 6개월 총 3회 접종해야 한다. 4~6세가 되면 추가로 접종해야 한다.

MMR (홍역, 볼거리, 풍진 예방)
생후 12~15개월이 되면 접종해야 한다. 추가접종은 4~6세에 한다.

B형 간염
간염에 걸린 환자의 수혈을 받았거나 오염된 주사기가 몸속에 들어왔을 때 감염된다. 바이러스에 감염된 간세포들을 없애기 위해 생긴 반응으로 간세포들이 파괴되면서 간에 염증이 생기는 질병이다. 평소보다 피곤해하고 근육통 등의 증상이 나타난다. 심하면 죽을 수도 있는 무서운 병이다. 0, 1, 6개월째, 또는 0, 1, 2개월째, 총 3회에 걸쳐 접종한다.

일본뇌염
일본 뇌염 모기에게 물렸을 때 인체에 감염되어 생길 수 있는 바이러스성 전염병이다. 요즘은 여름뿐 아니라 늦가을에도 모기들의 활동이 활발하게 이루어지고 있기 때문에 5회 정도 맞추는 게 좋다. 15세 이하의 아이에게 많이 나타날 수 있는 질환이다. 만 1~12세 아동이 접종 대상이다. 생후 첫해는 7~14일 동안 2회 간격으로 접종한다. 다음해에는 1회만 접종하면 된다.

태어나서 4주쯤에는 맞는 BCG와 B형 간염 접종은 주사를 맞는 부위만 다르다면 동시에 맞을 수 있다. 2개월이 되면 DTap(백일해, 파상풍, 디프테리아) 1차를 맞는다. 이것은 경구 소아마비를 예방해준다. 같은 맥락으로 4개월이 되면 DTap 2차를 맞는다. 이 외에도 아기 수첩에 간호사가 예방접종일을 미리 적어 놓곤 한다. 할머니들이 보기 편한 큰 달력에 동그라미 쳐서 체크해두면 잊어버리지 않고 잘 챙겨 맞출 수 있다.

보건소와 소아과 비교

	보건소	소아과
예방접종 비용	무료(DTap, MMR, 소아마비, BCG 외)	유료
인원	환자가 많지 않아 대기시간이 짧다	환자가 많고, 대기시간이 길다
기타 비용	저렴하다	비싸다
발달상태 체크	0-6세 발달상태 체크 무료	0-6세 발달상태 체크 유료
놀이시설	없는 곳이 많다	아이들만의 공간이 따로 있고 할머니들을 위해 기다리면서 읽을 수 있는 책도 있다

우리아이 괴롭히는 전염병

백일해
'흡' 하는 소리와 함께 발작 증세가 나타날 수 있고 구토 등의 증상도 나타난다. 기침을 많이 하는 것이 특징이다. 혹시라도 백일해를 앓는 아이들이 기침을 하거나 말을 할 경우 상대방이 감염될 수 있으므로 주의해야 한다. 또 백일해에 감염된 아이가 갖고 놀던 장난감을 손주가 갖고 놀 경우 감염될 수 있다. 생후 6개월 이전에 감염이 될 경우 폐렴이나 경련, 뇌병변 등 합병증도 생길 수 있으니 주의하자.

파상풍
파상풍균은 아이들이 자주 가는 공원의 잔디나 놀이터 모래, 동물들의 변 속에 있다. 또한 녹슬고 튀어나온 못이나 가시 등에 찔려 상처가 생기면 침입할 수 있다. 독성을 갖고 있기 때문에 경련을 일으키기도 한다.

소아마비
바이러스에 의한 급성 전염병이다. 5살 이하의 아이들이 많이 걸리며 환자에게 직접 감염되는 경우가 많다. 마비가 생기면 축 늘어지고 움직이기 힘들어하는 증세를 보인다.

홍역
바이러스에 의해 발생되는 전염성이 강한 질병이다. 90% 이상이 먼저 걸린 사람과의 접촉에 의해 생긴다. 하지만 한 번 걸리고 나면 평생 걸리지 않게 된다.

풍진
풍진바이러스에 의해 감염되는 질병으로 전염이 잘 된다. 따라서 아이가 풍진에 걸렸다면 보건소에 즉시 신고해야한다. 주위에 임산부가 있으면 태아의 심장이나 신경계에 이상이 생길 수 있기 때문이다. 통증이 생기며 열이 오르기도 한다.

실제 육아 적용

예방접종 전날만큼은 아이의 목욕을 삼가는 것이 좋다. 젖 냄새, 땀 냄새로 매일매일 목욕했더라도 이날 하루만은 참자. 또한 다음날 바로 예방 접종을 할 수 있도록 병원이나 보건소에 미리 접수해두고 시간을 적어 계획을 세워두자. 육아 수첩을 챙기는 것도 잊지 말자.

예방접종한 당일도 목욕을 피해야 한다. 평소와 같이 놀아주되 너무 피곤하지 않도록 신체를 많이 움직이는 활동을 하지 말자. 특히 주사를 맞은 날은 아이가 유별나게 짜증을 낼 수 있으니 아이를 많이 안아주고 사랑한다고 표현해주는 것이 좋다. 그리고 되도록 바깥나들이를 하지 말고 집에서 편안히 쉴 수 있도록 해준다.

매일 물고 빨아 대는 장난감 소독 어떻게 하나?

아이들은 손에 잡히는 건 무엇이든지 일단 입에 넣고 본다. 특히 장난감은 아이의 입속에 가장 많이 들어가기 때문에 청결하게 소독해야 한다. 손이 많이 가서 번거롭게 생각할 수도 있지만 장난감 속 위험한 세균으로부터 아이들을 지켜주는 것이므로 힘들어도 잊지 말자. 그렇다면 장난감을 어떻게 소독해야 안심할 수 있을까?

헝겊 장난감은 천으로 만들어졌기 때문에 먼지를 잘 탄다. 먼지 묻은 장난감을 아이가 입에 갖다 대면 좋지 않으므로 수시로 잘 털어주거나 세탁해서 햇볕에 잘 소독해주자. 금속 장난감은 페인트칠로 마무리되어 있어 자칫 페인트가 벗겨질 수 있으므로 마른 수건이나 부드러운 솔로 닦아주는 것이 좋다. 고무로 된 장난감은 유독 성분이 빠질 수 있기 때문에 뜨거운 물에 담가 세탁하면 절대 안 된다. 따라서 찬물이나 미지근한 물에 유아용 세제를 풀어 닦아준다. 마지막으로 원목 장난감은 손때가 타기 쉬우므로 수시로 먼지를 털어주고 젖지 않도록 해준다.

치아발육기, 딸랑이

젖병 세정제가 담긴 물에 30분 정도 담가뒀다가 건져서 말린다. 수세미로 닦다가 흠집이 나게 되면 그 안으로 세균이 침투할 수 있으니 조심하자.

크레파스 투성인 바닥과 소파

화장실에 있는 치약을 물티슈나 칫솔에 발라 닦아보자.

먼지 나는 인형들

망에 넣어 세탁기에 빨거나 욕조에서 발로 밟으며 빨아보자. 헹굴 때 향기나는 섬유유연제를 넣으면 좋다.

지저분한 볼펜 자국들

물파스로 살살 지워주면 좋다. 그래도 지워지지 않으면 벤젠이나 시너로 지울 수도 있는데, 바르고 오래 두면 표면이 상할 수 있으므로 부분적으로 사용하고 금방 닦아내야 한다.

손이 안 닿는 곳

면봉을 이용하면 구석구석 깨끗이 잘 닦을 수 있다.

아이 컵이나 삶기 어려운 장난감

살균소독기를 사용한다. 이때 컵은 뒤집지 말고 세워놓아야 살균 효과가 있다.

물에 들어가도 괜찮은 장난감, 블록

아이 입에 자주 들어가는 장난감들은 세제나 살균소독기 대신 안전한 천연 소독을 해야 한다. 탄산수소나트륨(베이킹소다)이나 구연산을 이용하면 물과 파우더가 만나면서 때를 깨끗하게 제거해준다. 이때 다소 많은 거품이 날 수 있으나 20분 정도 후 꺼내 말리면 된다.

오래된 책

마른 수건으로 잘 닦아 햇볕에 1시간 내외로 말려주면 천연 소독이 된다.

건강한 나들이를 위하여

날씨가 따뜻한 날은 손주를 데리고 밖에 나가서 햇볕을 쬐면 좋다. 이때 잊지 말고 아이의 얼굴에 자외선 차단제를 발라 햇볕으로부터 피부를 보호해주자.

출발하기 전에 미리 기상 정보를 체크하고 열이 나지 않는지 아이의 컨디션을 살펴본다. 장소를 정할 때는 감기나 홍역, 장염 등이 옮을 수 있으니 되도록 사람이 많은 곳은 피한다. 먼 거리를 나갈 계획이면 하루 전날에 푹 쉴 수 있도록 한다.

준비물은 어떤 게 필요할까? 젖병을 아직 떼지 못한 아이는 분유(모유)를 준비하고 젖병도 준비한다. 그리고 우유가 식지 않도록 보온병도 챙겨두자. 그 외에 기저귀, 여벌 옷, 수건, 물티슈, 비상약, 장난감 등을 유모차에 실으면 좋다.

나들이 중 아이가 잘 안 먹거나, 보채고 평소와 변의 색이 다르거나, 열이 나면 즉시 가까운 병원에서 상담을 받을 수 있도록 한다.

한편 유모차를 탈 때 유의할 점은 다음과 같다. 첫째 유모차 손잡이에 짐을 올려두지 말아야 한다. 무거운 짐 때문에 유모차가 뒤집히거나 뒤로 넘어가는 사고가 일어날 수 있다. 둘째 유모차에 탄 아이의 얼굴을 보며 걷기 위해 손잡이 방향을 거꾸로 하지 말자. 어른들도 기차나 자동차를 탈 때 거꾸로 앉으면 속이 좋지 않거나 어지러움을 느끼지 않는가? 아이들도 어른들과 마찬가지다. 할머니와 같은 방향을 보며 움직일 수 있게 해주자. 간혹 아이가 불안해서 아이의 얼굴을 확인해야 할 때가 있다. 그럴 때 유모차에 햇빛가리개를 해놓으면 좋다. 투명비닐이 있는 것으로 선택하여 수시로 아이의 표정을 살피자. 그러나 유모차 비닐커버는 장시간 닫아두면 안 된다. 아이가 답답함을 느끼기 때문이다.

Tip: 유모차 종류에 따른 장·단점

	장점	단점
디럭스형&일반형	목을 가누지 못하는 아이도 적합하다. 공간이 넓고 푸근하여 편안하다.	무겁다. 휴대하기 불편하다. 공간을 많이 차지한다.
휴대용	가볍다. 사용방법이 간편하다.	아이 몸무게가 많이 나가면 끌기 어려워 불편할 수 있다. 약하다.

아기를 위한 가정상비약

에너지 넘치는 아이들은 '동해 번쩍 서해 번쩍' 가면 안 될 곳까지 기어 다닌다. 그럴 때면 할머니들은 하루에도 몇 번씩 가슴을 쓸어내리곤 한다. 어린 손주가 안 보는 사이 넘어지고 다칠까 봐 언제나 조마조마하기만 하다. 그렇다고 손주를 온종일 업고 지낼 수도 없는 노릇이다. 이 밖에도 할머니를 놀라게 하는 일들은 많다. 잘 놀던 아이가 갑자기 토하면서 바닥을 뒹굴기도 하고, 또 어떤 날은 기침을 하고 콧물과 땀을 흘리며 열이 39도를 넘나들기도 하는 등 불안한 날들이 계속되기도 한다.

그래서 할머니들에게 급할 때 대비할 수 있는 약은 필수다. 그러나 할머니들은 무슨 약을, 얼마나 사야 하는지 잘 모르는 경우가 많다. 바쁜 딸, 며느리에게 물어보기도 괜히 미안할 것이다. 아이를 키우는 집이라면 꼭 있어야 하는 상비약은 다음과 같다. 단, 약을 먹일 땐 아무리 급하더라도 어른 약은 먹이지 않는다. 아이 약은 몸무게와 개월 수에 따라 먹이는 양이 정해져 있기 때문이다. 더불어 진찰도 안 받은 상태에서 같은 약을 두 번 먹이는 것은 매우 위험하다.

해열제

체온이 정상체온인 36.5도보다 월등히 높아졌을 때 열을 내리기 위해 쓰이는 약을 말한다. 해열제에는 빨간색 타이레놀과 주황색 부루펜, 흰색 해열제가 있다. 그러나 해열제는 열에 의한 고통을 가볍게 해주기 위한 임시방편이지 질병을 치료하는 약이 아니므로 열이 내렸다고 해서 방심하면 안 된다. 열은 보통 72시간 정도가 고비이다. 그러나 미열이든 고열이든 해열제를 먹여서 괜찮아지더라도 병원에 가보는 것이 좋다.

상처를 소독할 때 바르는 약

여기저기 다치는 아이를 위해 상처부위를 소독할 수 있는 소독약과 재생효과가 있는 연고 형태의 약을 보관해두자. 아이의 상처가 덧나는 것을 막을 수 있다.

식물성 바셀린

피부가 건조하거나 어딘가에 긁혔을 때 사용한다. 또는 입술이 찢어졌거나 트는 것을 예방하고자 할 때 바르면 입술이 촉촉해진다.

> **Tip**
>
> ## 약에 관한 몇 가지 정보
>
> **약 보관 방법**
>
> 깨끗한 박스를 준비하고 약마다 이름을 적어 놓으면 잘못된 약을 먹여 사고가 생기는 것을 막을 수 있다.
>
> 햇볕이 들지 않는 그늘진 곳에 보관한다.
>
> 병원에서 처방받은 약은 눈에 잘 띄는 곳에 놓아두자. 냉장보관용이 있으면 냉장고 안에 보관하자.
>
> 시럽일 경우 한 번 개봉한 약은 아깝더라도 바로 버린다. 아깝다고 냉장고에 넣어두고 몇 달 있다가 다시 먹이는 할머니들이 있는데 매우 위험하다.
>
> **약 먹이는 방법**
>
> 약과 함께 들어있는 시럽 컵이나 스푼 등을 이용한다(물약은 컵이나 스푼에 덜어 먹도록 해야 쉽게 상하지 않는다).
>
> 물약은 침전물이 생기지 않도록 미리 흔들어 먹인다.
>
> 되도록 약사에게 가루약으로 부탁한다.
>
> 식후 30분에 먹여야 효과가 좋다. 단, 한시라도 빨리 먹어야 하는 해열제의 경우는 상황을 보면서 바로 투입한다.

일회용 밴드

가벼운 상처에는 가급적 밴드를 붙이지 않는 것이 바람직하지만, 흉이 생길 만한 상처나 상처 부위가 드러난 곳에 밴드를 붙이면 2차 세균 감염을 막을 수 있다.

벌레 물릴 때 바르는 약

아이들은 가려움을 조금도 참지 못한다. 세균이 득실거리는 손톱으로 벅벅 긁다가 피부에 염증이 생기기도 하므로 심해지기 전에 미리 약을 바르고 밴드를 붙여주도록 하자.

우리 아이 예쁜 젖니 만들기

아이들은 조금씩 차이가 있겠지만 보통 생후 6~8개월 정도가 되면 젖니가 난다. 젖니는 영구치가 나올 자리를 미리 잡아주고 영구치가 똑바로 나올 수 있게 해주는 역할을 한다. 영구치가 날 때 젖니가 없으면 일찍 손상되기 때문에 젖니는 반드시 필요하다. 그런데 할머니들은 '어차피 빠질 이'라고 관리를 소홀히 한다. '흔들리면 빼버리면 그만이지.'라고 대수롭지 않게 생각해버리는 것이다. 그러나 젖니가 정해진 시기까지 제 역할을 다해야 그 다음에 나오는 영구치가 튼튼하고 가지런하게 자랄 수 있는 것이다. 그렇다면 젖니 관리는 어떻게 해야 할까?

젖병을 물린 채로 재우지 않는다.

젖병을 물린 채 아이를 재우게 되면 윗입술과 윗니 사이에 우유가 고이게 되어 세균이 잘 번식할 수 있는 환경이 된다. 또한 우유의 당이 분해되는 과정에서 산이 만들어져 이를 썩게 한다.

일명 '우유병 충치'가 생기는데 우유병을 입에 물고 잠드는 습관이 있거나 이유식이 늦은 아이에게 주로 발생한다. 필자의 조카는 이 병으로 앞니 잇몸 부위까지 고름이 고이기도 했다. 가장 근본적으로 젖병을 물고 자는 습관을 고치는 것이 우선이다. 고치기 어렵다면 우유 대신 보리차를 넣어 공갈 젖꼭지를 물려주는 것도 좋은 방법이다. 그러나 이 방법도 임시방편일 뿐이므로 젖병 뗄 시기가 되면 빨리 떼는 것이 좋다.

구석구석 꼼꼼히 양치질 시켜준다.

특히 입 안쪽젖니를 집중적으로 닦아주는 것이 좋다. 이때 화학성분이 들어 있는 치약을 사용하기보다는 물만 묻혀 닦아보자. 그리고 마지막에는 혀도 깨끗이 닦아준다.

아이에게 충치균을 옮기지 않는다.

충치는 충치가 있는 사람과 뽀뽀를 하거나, 같은 숟가락이나 컵을 사용하면 전염된다. 이처럼 할머니가 무심코 하는 행동들이 아이에게 충치균을 옮길 수도 있다. 그리고 사탕을 입에 넣고 있다가 아이들이 달라고 하면 입으로 주는 할머니들이 간혹 있는데 절대 삼가야 한다. 따라서 할머니들도 충치가 있다면 치료하고, 입안을 청결히 하여 아이들에게 충치균을 옮기지 않도록 조심한다.

개월 수에 따른 치아 관리법

3~5개월
이가 아직 보이지는 않지만 나오기 위해 준비하는 시기이다. 이때 잇몸 마사지를 해주면 혈액순환이 잘 되어 잇몸이 튼튼해진다. 핑거 칫솔을 사용하여 잇몸을 꾹꾹 눌러주며 동그랗게 마사지를 해준다. 어금니는 유치가 없으니 신경을 써서 관리해주자.

6~8개월
6개월 정도가 되면 아랫니 2개가 나오기 시작한다. 아이들은 이 시기에 잇몸이 간지러워 이것저것 물기 시작하는데 이것은 치아가 잇몸을 뚫고 나올 때 생기는 자연스러운 현상이므로 걱정할 필요 없다.

9~11개월
윗니 2개가 나기 시작한다. 적극적인 치아 관리가 필요한 시기이다. 모유나 분유를 먹이고 나면 수건을 이용해서 이를 닦아주자.

12개월
아랫니, 윗니가 각각 4개씩 나기 시작한다. 유아용 핑거 칫솔을 이용하여 꼼꼼하게 이를 닦아주자.

17개월
어금니가 나기 시작한다. 본격적인 칫솔질이 필요한 시기이다. 그러나 처음부터 칫솔질을 꼼꼼히 가르치기보다는 칫솔질에 흥미를 느낄 수 있게 도와주는 것이 중요하다.

24~36개월
젖니 20개가 다 나온다. 늦어도 만 3세까지는 젖니가 모두 나오므로 본격적인 칫솔질을 가르쳐주는 것이 좋다. 아이 스스로 칫솔질을 할 수 있도록 유도하고 구석구석 안 닿는 부분만 할머니가 도와주도록 한다.

무엇보다 중요한 아이의 먹을거리와 위생

할머니가 꼭 지켜야 할 위생관리

며느리나 딸들로서는 사실 위생적인 부분에 대해서 마음에 들지 않을 때 일일이 말씀드리기가 어렵다. 혹시나 할머니들이 자존심이 상할 수도 있을 것 같다는 걱정 때문이다. 그러면서도 아이의 건강과 직결되는 문제라 포기할 수도 없어 속으로 끙끙 앓을 수밖에 없다. 대놓고 말했다가는 "왜 그렇게 꼬치꼬치 참견하는 거니? 믿고 맡겼으면 걱정하지 말거라."라고 꾸중을 듣지 않을까?

하지만 할머니도 손주의 건강을 위해서 고집을 꺾고 자존심을 버릴 필요가 있다. 특히 건강과 바로 직결되는 문제인 위생관념에 대해서는 반드시 짚고 넘어가야 한다.

우유를 먹이다가 안 먹일 때 반드시 우유병 뚜껑을 닫아놓는 습관을 기르도록 하자. 특히나 여름철에는 그 안에 날파리가 생길 수 있다. 그 우유를 아이가 먹는다고 생각해보라. 귀찮다고 뚜껑을 안 닫아놓는 일은 없어질 것이다. 같은 맥락으로 보리차와 이유식도 마찬가지다. 할머니들 대부분은 귀찮다고 보리차나 이유식을 한 번에 많이 끓여놓고 먹이곤 하는데 아이에게 매우 좋지 않다. 6시간이 지나면 냄비 안의 내용물이 부패하면서 세균이 번식하기 시작하므로 조금씩 나눠서 여러 번 끓이는 것이 좋다.

또한 아이에게 이유식을 줄 때는 어른 숟가락으로 주지 말자. 할머니 중에는 아이 숟가락과 어른 숟가락을 구분하지 않고 마구잡이로 사용하는 분들이 있다. 아이 입에 들어갈 때마다 소독할 것이 아니라면 둘을 구분해야 한다. 또한 간혹 이유식에 간을 하는 분도 있는데 이것은 절대로 금해야 하는 행동이다. 그리고 아이가 이유식을 먹다가 흘리면 씻지도 않은 손으로 닦아주는 할머니가 있는데 역시 위생상 좋지 않다.

그중에서 엄마들이 제일 꺼리는 행동은 할머니 입으로 음식을 으깨서 아이의 입에 넣어주는 것이다. 또한 양치질도 안 하고 아이에게 뽀뽀하는 것도 좋지 않다. 할머니가 틀니를 끼거나 충치가 있을 때에 세균이 아이들에게 옮겨갈 수도 있기 때문이다.

이런 행동들이 위생상에 문제가 있다고 지적하면 할머니들은 못마땅하게 여길지도 모른다. 그러나 아이의 건강문제는 그렇게 감정적으로 접근할 것이 아니다. 외부환경으로부터 완벽하게 아이를 보호하고 싶은 며느리나 딸들의 마음을 너그럽게 이해해주길 바란다. 할머니도 내 아이를 아무 탈 없이 키워보고 싶던 시절이 있지 않았던가.

모유의 보관과 해동

모유를 먹은 아이들은 튼튼하다. 모유를 먹으면 아이 몸속 면역력이 강화되어 질병에 저항할 힘을 길러준다고 하니 요즘 임산부들 사이에선 너도나도 모유 수유가 유행처럼 번지고 있다.

그러나 할머니는 모유 수유가 불가능하므로 며느리나 딸의 모유를 받아두었다가 보관을 하여 먹이는 방법과 분유를 먹이는 방법, 두 가지 중 하나를 선택할 수밖에 없다. 그러나 아이에겐 모유가 분유보다 효과가 좋은 것은 두말할 필요 없는 진리이다. 단, 보관을 잘해야 한다는 전제가 따른다. 이제 할머니들도 모유 성분이 파괴되지 않도록 보관하는 방법을 익혀 사랑스러운 손주에게 건강함을 선사해보자.

며느리나 딸의 모유를 잘 밀봉했다면 24시간 내에 사용하는 것이 좋다. 상온 보관을 할 때는 섭씨 25도에서 최대 4시간 정도 보관할 수 있다. 아이스팩으로 보관할 땐 섭씨 15도에서 24시간 동안 보관할 수 있다. 보통 냉장보관은 냉동보관보다 모유 안의 성분 보존이 더 잘 된다. 냉장고에서는 최대 8일까지 보관이 가능하다고 알려져 있지만 웬만하면 72시간이 지난 것은 버리는 게 안전하다.

Tip 모유 냉동보관 용기 선택법

모유를 장기 보관하기 위해서는 냉동보관이 필수적이다. 모유를 보관하는 용기는 반드시 완전 멸균된 것을 사용해야 하며 밀봉할 수 있어야 한다. 이때 물건을 포장했던 플라스틱 통을 사용하지 않기 바란다. 간혹 얼음을 얼리는 트레이에 모유를 얼리는 할머니들도 있는데 절대 안 된다. 또한 모유를 담을 때는 얼 때의 부피가 늘어나는 것을 감안해서 약간의 여유를 두고 담는 것이 좋다. 한 번에 60~120cc 정도로 나누어서 얼린다. 모유를 담았다면 용기 각각에 담은 날짜를 적어두고 오래된 것부터 사용하자. 이때 모유를 담은 용기는 다른 반찬통보다 냉장고의 가장 안쪽으로 넣어두어 신선하게 보관하는 것이 좋다.

냉장실과 냉동실이 분리되어 있지 않은 소형 냉장고에서는 2~4주까지 보관할 수 있다. 반면 냉장실과 냉동실이 분리된 냉장고는 3~4개월 정도 보관이 가능하다. 이때 영하 19도 이하를 유지할 수 있는 냉동고라면 6개월 이상도 보관이 가능하다. 하지만 너무 오래 방치하면 모유의 지방 성분이 서서히 분해되어 영양소가 파괴될 수 있으므로 될 수 있으면 3개월 이내에 사용하는 것이 좋다.

그러나 모유를 냉동 보관하는 것보다 더 중요한 것이 있다. 바로 냉동된 모유를 제대로 녹이는 것인데 방법은 2가지가 있다. 첫째, 실내에 놔두는 방법이다. 하지만 실내에 너무 오래 놔두면 변질되기도 하므로 주의하자. 냉장고에 12시간 정도 놓아두는 것도 좋다. 둘째, 55도 이하의 미지근한 물에 담그는 방법이다. 간혹 냉동 모유를 전자레인지에 해동시키는 할머니들도 있는데 매우 위험한 행동이다. 모유 안에 있는 성분이 모조리 파괴되어 비타민조차 사라질 수 있다. 더군다나 밀폐된 용기나 금속그릇, 종이팩 등을 전자레인지에 넣으면 폭발할 위험도 있으니 주의하자!

유의할 점은 **한 번 녹인 모유를 다시 얼려서는 안 된다는 것이다.** 한 번 해동한 모유는 영양소가 파괴된 상태이므로 그냥 버려야 한다. 먹다 남긴 모유도 마찬가지다. 그대로 두면 침에 의해 부패 하므로 바로 버리는 것이 좋다. 또한 얼린 모유에 새로 짠 모유를 섞는 할머니들도 있는데 절대 안 된다. 한편 해동한 모유를 보면 지방 성분이 분리돼 표면 위로 떠올라서 상한 것 같은 느낌이 들기도 한다. 그럴 땐 모유가 든 용기를 잘 흔들어 섞이게 해주면 좋다. 비누냄새같이 시큼한 냄새가 난다면 모유 특유의 냄새이니 걱정할 필요 없다.

젖병에 기름이? 분명히 제대로 닦았는데

필자가 큰 아이를 낳고 몸조리하게 되었을 때 생긴 모유 수유에 관한 일화다. 그때 당시 아이가 모유를 먹는 양이 적기도 했지만, 필자가 워낙 모유가 잘 나오지 않는 탓에 한 번 짤 때마다 냉동실에 차곡차곡 쌓아두었다가 먹이곤 했다. 하루는 중탕으로 녹인 모유를 젖병에 담아 아이에게 먹이려고 하고 있었는데 우유병에 돌아다니는 기름을 보게 되었다. 분명히 친정어머니가 깨끗이 씻고 소독도 했을 텐데 이상한 일이었다.

> **Tip**
>
> ## 모유에 관한 몇가지 상식
>
> **모유, 냉동실에 보관하고 얼마 동안 먹일 수 있나?**
> 모유도 보관하고 먹일 수 있다. 보통 한 번 먹인 모유를 실온에 두면 상할 거라 생각하지만 4시간을 넘기지 않았다면 다시 먹여도 괜찮다. 그리고 전날 저녁에 짜놓은 모유를 냉동실에 보관하고 얼렸다가 중탕으로 녹여서 먹여도 된다.
>
> **모유를 중탕하는 방법**
> 1) 물을 끓인 다음에 뜨거워진 물을 오목한 그릇에 붓는다.
> 2) 얼려두었던 모유 팩을 그릇에 담는다.
> 3) 물이 미지근해지면 버리고 다시 뜨거운 물을 부어준다.
> 4) 얼었던 모유가 다 녹을 때까지 뜨거운 물 갈아주기를 계속 반복한다.
> 5) 따뜻해진 모유를 젖병에 담은 뒤 아이에게 먹인다.
> ※ 주의) 전자레인지로 녹이다 보면 모유 팩까지 녹아 모유가 흘러내릴 수 있으므로 유의한다. 그러나 모유의 영양성분까지 파괴될 수 있으므로 되도록 권장하지 않는다.

"어머니, 젖병 좀 제대로 닦아주세요. 우유병에 기름이 돌아다니는 것 같아요."라고 투덜거리자 친정어머니는 당황하시면서 방금 삶았는데 무슨 기름이 있다고 그러냐며 펄쩍 뛰셨다. 말도 안 된다고 하시는 어머니에게 젖병 위로 둥둥 떠다니는 기름을 보여 드렸더니 어머니는 깜짝 놀라시며 다른 젖병으로 바꿔주셨다. 하지만 귀신이 곡할 노릇이었다. 다른 젖병에도 기름이 돌아다니고 있는 것 아닌가!

지금 생각해보면 필자도 초보 엄마였고, 어머니도 초보 할머니였던 때라 겪었던 오해였다. 알고 보니 젖병의 위생 문제가 아니었다. 젖병 속에 돌아다니던 기름은 모유에서 나오는 기름, 즉 '불포화 지방'이었던 것이다! 모유에는 혈액 속에 돌아다니는 노폐물을 배출할 수 있도록 도와주는 기름이 있는데 이것을 '불포화 지방'이라고 한다. 초보 엄마였던 시절 젖병 속 기름이 '불포화 지방'이라는 사실도 모르고 친정어머니가 젖병을 제대로 닦아주지 않는다며 속상해했던 것이다.

분유의 모든 것

손주는 모유로 키우는 것이 가장 바람직하다. 그러나 맞벌이로 바쁜 딸과 며느리로 인해 모유 수유가 불가능해 분유를 먹일 수밖에 없는 할머니들도 있을 것이다. 그러나 최근에 나오는 분유들은 최대한 모유와 가깝게 만들어지고 있다. 무수한 연구와 노력의 결과로 제품의 질이 우수하다고 하니 분유를 무작정 '나쁘다'라고 말할 수는 없다. 따라서 할머니들도 분유를 먹이는 데 죄책감을 느낄 필요가 없다. 물론 모유보다 신선도가 떨어지고 면역항체를 공급할 수 없다는 단점이 있기는 하지만 분유가 가진 장점을 최대한 끌어낼 수 있게 먹이면 되는 것이다.

우선 우유병을 선택할 때 유의할 점이 있다. 신생아부터 2개월까지는 120~150mL의 작은 크기가 적당하다. 아직 먹는 양이 적기 때문이다. 3개월이 지난 후에는 250~260mL로 중형 사이즈가 적당하다. 더불어 우유를 조금씩 자주 먹기 때문에 우유병을 부지런히 소독해주는 것이 좋다.

우유병을 선택했으면 다음은 분유 고르기이다. 요즘은 분유 고르기가 여간 어려운 게 아니다. 대형마트 분유코너에 가면 너무나 많은 종류의 분유가 있는데 종류도 가격도 성분도 천차만별이기 때문이다. 손주에게 가장 좋은 것만 주고 싶지만 '가장 좋은 분유'란 없다는 것을 할머니들이 더 잘 알 것이다. 아이에게 가장 '잘 맞는 분유'만 있을 뿐이다. 실제로 분유의 성분은 그렇게 많은 차이가 없기 때문에 아이가 먹고 싸는 데 이상이 없는 제품이면 좋다. 아이들은 보통 처음으로 먹은 분유 맛에 익숙해지기 마련이므로 별 탈이 생기지 않는 한 굳이 다른 제품으로 바꿀 필요는 없다.

한편 할머니 중에는 의외로 분유 타는 방법을 잘 모르는 분들이 많다. 물과 분유의 양은 어떻게 조절해야 하는지 많이들 물어보시곤 하는데 분유는 스푼 한가득 담는 것이 아니라 스푼에 평평하게 맞춰 담는 것이 중요하다. 또한 100mL 분유를 탈 때 물을 100mL에 꼭 맞추어 넣는 분들이 있는데 그러면 물이 넘친다. 분유의 양까지 더해진다면 기준치를 훨씬 넘기 때문이다. 따라서 물을 적당히 넣고 분유를 타서 잘 섞은 다음 물이 부족하다면 다시 물을 부어 정확한 양을 채우는 것이 바람직하다.

덧붙여서 분유를 먹이면 변비가 생길 수 있는데 이때 '유아 정장제'를 같이 녹여서 먹이면 효과적이다. '유아 정장제'는 장의 운동을 도와주고 아이의 기능을 튼튼하게 해주는 효과가 있다. 이러한 정장제는 백일 이후에 먹일 수 있지만 모든 아이들이 필수적으로 먹어야 하는 건 아니므로 전문의와 상의 후 복용시켜야 한다.

분유 먹이는 방법

1. 우유병에 따뜻한 물을 70mL 정도 채운다. 이때 물은 끓여서 식힌 물로 온도는 50~70도가 적당하다.
2. 분유통 안에 들어 있는 전용스푼으로 분유를 다섯 번 정도 떠서 우유병에 넣는다.
3. 우유병 뚜껑을 닫고, 잘 섞이도록 흔들어주면 된다. 혹시 물이 모자라다면 모자란 만큼의 물을 넣어 100mL를 맞추면 된다. 흔들 때 주의할 점은 거품이 생기도록 위 아래로 흔들면 안 된다는 것이다. 왜냐하면 공기방울이 들어간 분유를 먹다가 배앓이를 하는 경우가 있기 때문이다. 따라서 조심스럽게 좌우로 비비듯 흔들어주어야 한다.
4. 할머니 손목에 우유를 한 방울 떨어뜨려 온도를 확인한다. 이때 미지근한 정도면 된다.
5. 아이의 목과 등을 편안하게 받치고 우유병 꼭지를 아이 입속에 천천히 넣는다.
6. 아이가 우유를 먹는 동안 잘 먹고 있는지 확인해야 한다. 혹시 공기도 같이 마시고 있진 않은지 살펴보자. 이때 젖병을 아기의 입과 직각이 되도록 잡아주는 것이 중요하다. 또 우유를 다 먹은 후에도 그대로 놔두면 아이가 공기를 마실 수 있으므로 항상 먹는 우유 양을 확인해주는 것이 좋다.
7. 아이가 우유를 다 먹었으면 흘린 데는 없는지 살피고 입 주변을 닦아준다. 마지막으로 일으켜 세워 트림을 시킨다.

젖병 소독방법

젖병은 아직 면역력이 약한 아이를 위해 세심하게 세척하고 관리해야 한다. 또한 너무 오랫동안 사용하게 되면 외부 코팅 처리 부분이 벗겨져 환경 호르몬이 발생하므로 적어도 1년에 한 번은 바꿔주는 것이 좋다. 옛날 같으면 솔로 깨끗이 씻어서 끓는 물에 팍팍 삶느라 허리가 아팠지만 요즘은 젖병 소독하는 기계도 나와서 편리해졌다. 그래서 젖병 소독법이 크게 3가지로 바뀌었는데 지금부터 하나씩 살펴보자.

뜨거운 물에 소독하는 방법

할머니들은 이 고전적인 젖병 소독방법을 가장 선호하는 편이나 젖병을 삶다가 손이나 얼굴을 델 수 있으므로 조심해야 한다. 또한 시간 조절을 잘 못하면 젖병이 녹아 눌어붙을 수도 있다는 것이 단점이다. 먼저 젖병을 수돗물로 헹구어 물에 담가 놓는다. 냄비에 물을 끓이고 물이 끓는 동안 물에 담가놓은 젖병과 솔을 구석구석 씻는다. 이때 젖꼭지는 꼭 분리해서 씻은 후 다시 조립해야 한다. 조립한 젖병을 끓는 물에 2분 정도 굴려 소독한 후 꺼낸다. 오래 끓이면 환경 호르몬이 발생하므로 2분 이상 끓이지 않도록 하자. 또한 젖꼭지는 30초 이상 끓는 물에 넣게 되면 모양이 변하거나 누렇게 변색이 될 수 있으므로 되도록 짧게 소독하는 것이 좋다.

스팀 소독기로 소독하는 방법

일일이 젖병을 씻을 필요없이 수증기를 이용하여 한꺼번에 소독할 수 있다는 점이 장점이다. 완전멸균 상태에서 젖병을 열탕 소독을 하면 계속 지켜봐야 하지만 스팀 소독기는 젖병을 넣어놓고 다른 일을 할 수 있어 시간이 절약된다. 완전멸균 상태에서 젖병을 보관할 수 있고 환경호르몬으로부터 안전하게 살균 및 소독할 수 있다. 그러나 할머니들에게는 사용법이 다소 어려울 수 있다. 스팀 소독기 '열탕기'에 100mL 정도 물을 부은 다음 세척한 젖병을 소독기 막대에 한 개씩 꽂으면 된다. 이때 젖병 뚜껑과 젖꼭지는 스팀이 올라올 수 있도록 세워 놓고 작동시킨다.

세정제로 소독하는 방법

이 소독법은 뜨거운 물에 삶지 않아도 99.9%의 세균을 없애주는 효과가 있다. 기존 방법으로 뜨거운 물에 삶다 보면 높은 온도에서 나오는 환경 호르몬이 걱정될 수밖에 없다. 그러나 이 방법은 안전하고 간편하게 소독할 수 있어 주부들에게 특히 인기를 얻고 있다. 소독 시간이 비교적 짧고 복잡하지 않으며 외출 시에도 소독이 간편하다는 것이 특징이다. 사용한 젖병과 젖꼭지를 수돗물로 헹구어낸 뒤 젖병 솔에 세정제를 묻힌다. 젖병과 젖꼭지를 분리하여 거품이 구석구석 묻을 때까지 닦아준다. 흐르는 수돗물에 말끔히 헹구어주면 끝난다. 마지막으로 젖병과 젖꼭지에 물기를 없애려면 볕이 잘 드는 곳에 말려 보관하자.

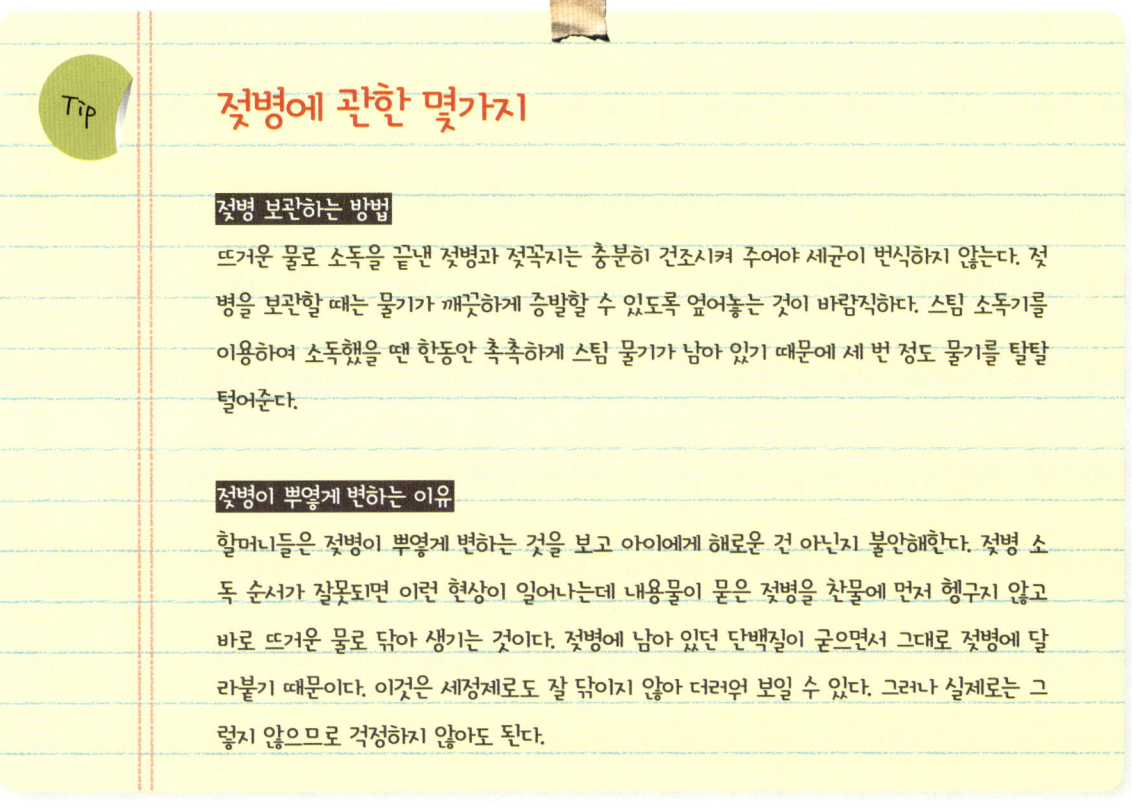

Tip — 젖병에 관한 몇가지

젖병 보관하는 방법

뜨거운 물로 소독을 끝낸 젖병과 젖꼭지는 충분히 건조시켜 주어야 세균이 번식하지 않는다. 젖병을 보관할 때는 물기가 깨끗하게 증발할 수 있도록 엎어놓는 것이 바람직하다. 스팀 소독기를 이용하여 소독했을 땐 한동안 촉촉하게 스팀 물기가 남아 있기 때문에 세 번 정도 물기를 탈탈 털어준다.

젖병이 뿌옇게 변하는 이유

할머니들은 젖병이 뿌옇게 변하는 것을 보고 아이에게 해로운 건 아닌지 불안해한다. 젖병 소독 순서가 잘못되면 이런 현상이 일어나는데 내용물이 묻은 젖병을 찬물에 먼저 헹구지 않고 바로 뜨거운 물로 닦아 생기는 것이다. 젖병에 남아 있던 단백질이 굳으면서 그대로 젖병에 달라붙기 때문이다. 이것은 세정제로도 잘 닦이지 않아 더러워 보일 수 있다. 그러나 실제로는 그렇지 않으므로 걱정하지 않아도 된다.

이유식 먹이기

아이들에게 이유식은 음식을 먹기 위한 연습 단계, 즉 앞으로 먹게 될 음식과 친해지는 과정이라고 할 수 있다. 생후 6개월이 지나면 모유나 분유만으로 성장에 필요한 영양을 얻기가 어렵기 때문에 이유식이 반드시 필요하다. 그러나 이유식을 시작하는 시기는 아이마다 개인적인 차이가 있다. 젖을 떼고 바로 시작하는 아이도 있고 늦게 시작하는 아이도 있기 때문이다. 이유식을 너무 빨리 시작하면 장기가 제대로 자리 잡지 않은 아이들이 소화불량을 호소할 수 있다. 반면 너무 늦게 시작해도 영양이 공급이 안 돼 성장 불균형을 초래할 수 있기 때문에 좋지 않다. 그러나 평균적으로 5~8개월에 시작하니 대략적으로 준비하는 것이 좋다. 할머니가 자칫 이유식 시기를 놓치거나 관심을 두지 않으면 아이의 발육상태가 저하되고 영양결핍으로 이어질뿐더러 외부 질병에 쉽게 노출될 수 있으니 유의하자.

그러나 5~8개월까지의 이유식은 어디까지나 간식이지 주식이 아니라는 것을 명심하자. 그렇기 때문에 주로 우유를 먹이고 중간마다 이유식을 주는 식으로 시작하는 것이 좋다. 이유식을 잘 소화하고 거부감 없이 받아드린다면 우유와 이유식의 횟수를 조금씩 조절하다가 점차 이유식을 주식으로 바꿔보자. 초기 이유식의 양은 어른 수저로 한두 숟가락부터 시작해서 서서히 양을 늘려나가는 것이 좋다.

이유식은 우유 이외에 아이가 처음 입에 대는 음식이니만큼 싱거운 것이 당연하다. 그런데 본인 입맛에 맞춰 된장, 간장, 소금으로 간을 하는 할머니들이 있다. 이유식 중기, 후기라면 몰라도 초기에는 가장 피해야 하는 행동이다. 돌이 되기도 전인 아이들은 소금 권장량이 0.2g에 불과하며 하루 1g 이상의 소금을 먹으면 좋지 않다. 만약 그렇게 되면 아이는 달고 짠 맛을 익숙하게 받아들여 더 자극적인 음식을 원하게 되고 안 좋은 식사 습관이 생겨버린다.

한편 이유식엔 새로운 음식을 4일 간격으로 첨가하는 것이 좋다. 또한 이유식은 뚜껑을 덮어 냉장실은 2일 이내, 냉동실은 5~7일 이내로 보관해야 한다. 이때 냉장 보관된 이유식은 중탕으로 데우는 것도 잊지 말자!

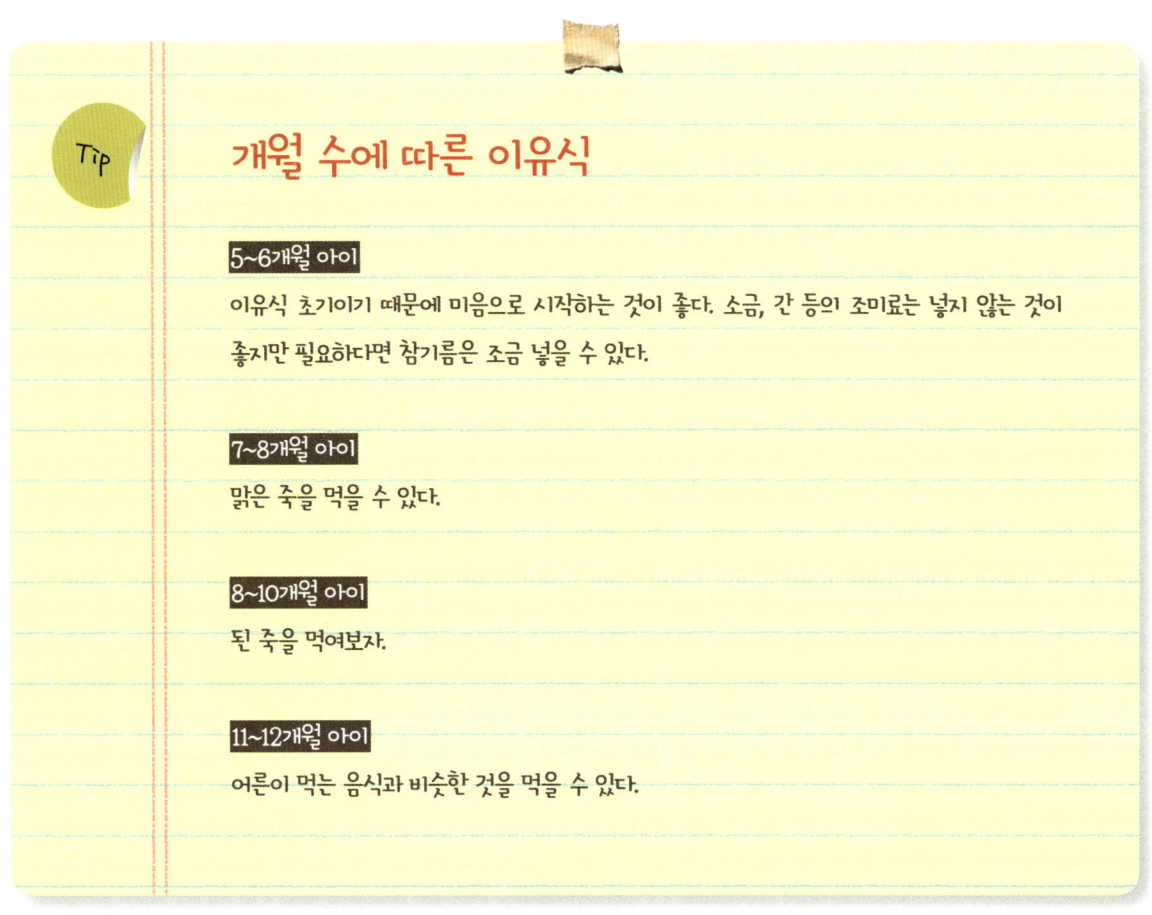

Tip 개월 수에 따른 이유식

5~6개월 아이
이유식 초기이기 때문에 미음으로 시작하는 것이 좋다. 소금, 간 등의 조미료는 넣지 않는 것이 좋지만 필요하다면 참기름은 조금 넣을 수 있다.

7~8개월 아이
맑은 죽을 먹을 수 있다.

8~10개월 아이
된 죽을 먹여보자.

11~12개월 아이
어른이 먹는 음식과 비슷한 것을 먹을 수 있다.

할머니가 만족하는 아이 수면 훈련

할머니들이 육아를 하며 가장 힘든 것이 잘 자던 아이가 깨어날 때다. 그뿐만 아니라 바닥에 눕히기만 하면 우는 아이, 잠이 들 때까지 쉴 새 없이 어르고 달래고 자장가를 불러주어도 절대로 자지 않는 아이도 있다. 사실 할머니가 잠들 때 같이 자주는 손주만큼 효자가 없다.

아이에게 잠은 곧 '성장'이기도 하다. 밤 10시부터 새벽 2시까지 성장 호르몬이 가장 많이 나온다는 것은 이미 널리 알려진 사실이다. 또한 잠은 아이의 에너지를 재충전해준다. 그런데 잠버릇이 좋지 않은 손주 때문에 고생하는 할머니들이 의외로 많다.

할머니가 갑자기 깨어나 우는 손주가 불쌍하다고 우유를 자꾸 주다 보니 자다 깨서 우유를 안 먹으면 자지 않고 우는 버릇이 생겨버린 손주도 있다. 아이에게 이런 버릇이 일단 생기면 우유 뗄 시기가 되어서도 밤에 잠을 잘 수 없다. 그 후부터는 이 버릇을 강제로 고치기도 어려워진다. 새벽에 젖을 물고 자던 아이는 입에 문 젖꼭지의 느낌이 새벽마다 떠올라 무언가를 물지 않고는 못 자게 되는 것이다. 아이들은 입에 무언가를 무는 동시에 안정감을 느끼기 때문이다. 이런 아이들은 이도 예쁘게 나지 않으므로 좋지 않은 습관을 고쳐주는 것이 좋다.

그렇다면 어떻게 해야 꿀맛 같은 잠을 재울 수 있을까? 아침에 해야 할 일을 생각해보자. 우선 아이가 자는 곳에 음악을 틀어놓는다면 기분 좋게 아침을 맞이할 수 있다. 잔잔한 클래식 음악이나 아이가 좋아하는 만화주제가도 좋다. 동요를 틀어주면 한글도 빨리 익힐 수 있다. 아침 첫 햇빛을 30분 이상 받아 아이 몸의 생체 리듬을 맞춰보자. 너무 많이 쬐는 것은 좋지 않지만 잠깐 쬐어주는 것은 수면 호르몬인 '멜라토닌'을 증가시켜 아이에게 좋은 영향을 준다. 깜깜한 밤이 되면 아침에 받았던 이 호르몬이 분해되면서 깊은 잠에 빠질 수 있도록 돕기 때문이다. 또 비타민 D를 섭취한 것과 같은 효과가 있으니 일석이조다.

걷기 시작한 아이라면 낮에는 땀나게 놀 수 있도록 하자. 신체 리듬상 몸이 피곤하면 뇌에서 깊은 잠을 요구하기 때문이다. 낮에 지칠 정도로 놀아주면 질 좋은 잠을 자기 위한 절반의 준비는 한 셈이다. 혹시 낮잠을 재우게 된다면 30분 이상을 넘기지 않도록 하자. 잠깐의 낮잠은 하루의 활력소가 되지만, 깊게 재우게 되면 밤에 자다가 깰 가능성이 높아 아이에게 좋지 않다.

저녁이 되었다면 미지근한 물에 아이를 목욕시켜 보자. 앞서 거듭 강조했지만 따뜻한 물은 혈액 순환을 도와주고 하루 동안 긴장되어 있던 근육을 풀어주는 효과가 있다. 아이들은 낮에 땀을 많이 흘릴 정도로 부지런하게 노느라 온몸이 지친 상태일 것이다. 이럴 땐 하루 피로를 말끔히 날려줄 목욕이 정답이다. 더군다나 요즘은 바깥 공기가 맑지 않기 때문에 아이들을 자주 목욕 시켜야 한다. 무엇보다 목욕은 숙면을 취할 수 있게 돕는 일등공신이다. 다만 갓난아이는 재우기 바로 직전에 씻기는 것이 좋다. 생후 12개월이면 잠들기 1시간 전에, 24개월이면 2시간 전에 씻기는 것이 효과적이다. 목욕 시간은 10분 내외가 좋다.

밤이 되었다면 베이비 마사지도 아이가 숙면을 취하는 데 도움을 준다. 몸을 문질러주면 기분이 좋아지기 때문이다. 할머니의 따뜻한 체온이 실린 스킨십은 아이의 몸을 나른하게 해 평

온한 꿈을 꾸게 하는 마술을 부린다. 또 꾸준한 마사지는 병을 막아주는 면역물질을 만들어준 다는 연구 결과도 있고 아이의 성장에도 도움이 된다. 이 책은 베이비 마사지 방법을 4장에서 더 자세하게 소개하고 있다.

　잠자리에 들기 전 열은 없는지, 기저귀는 축축하지 않은지, 이부자리는 불편하지 않은지 주변정리를 잘 해주는 것도 필요하다. 특히 기저귀를 잘 살펴보자. 밤에는 뽀송뽀송한 기분이 오래 가도록 흡수력이 좋은 기저귀로 선택해 갈아준다. 이때 벨트는 아이가 뒤척일 때 풀리지 않을 만큼만 느슨하게 한다. 또한 백열등으로 아이 방의 밝기를 낮추고 텔레비전은 끄도록 하자.

> **Tip 우리 아이 숙면을 취하는 데 도움이 되는 음식**
>
> **우유**
> '칼슘'과 '트립토판'이라는 성분이 많아 불면증의 원인인 칼슘부족을 없애준다. 아이들에게 잠들기 전 우유 반 잔 정도를 따뜻하게 데워주거나 우유로 만든 수프 등을 먹이면 좋다.
>
> **바나나**
> 행복의 호르몬인 '세로토닌'의 생성을 돕고 근육을 이완시키는 '마그네슘' 성분이 들어 있어 '자연산 수면제'라고도 불린다.
>
> **키위**
> 신경을 안정시키는 '칼슘', '마그네슘'이 많고 숙면을 돕는 '이노시톨'이라는 성분이 있어 불면증에 좋다. 잠들기 1시간 전에 먹으면 잠들기까지의 시간을 10분 이상 줄여준다는 연구결과도 있다.

불을 꺼야 수면 호르몬인 '멜라토닌'이 왕성하게 나오기 때문이다. 주변 정리가 다 되었다면 할머니는 아이의 손을 잡아서 가슴에 품고 꼭 안아주자. 그러면 아이는 할머니가 항상 가까이에 있음을 느끼고 무서움을 느끼지 않게 된다. 이때 자장가를 불러준다면 금상첨화다. 아이가 불안해하지 않고 푹 잘 수 있다.

다만 위 방법으로 며칠 했다고 아이가 갑자기 바뀌진 않는다. 하지만 매일 규칙적으로 생활하다 보면 아이의 수면 패턴도 점차 바뀔 것이다. 그러므로 할머니는 다급해하지 말고 천천히 기다려주도록 하자. 주의해야 할 점은 수면 규칙을 일관성 없이 자주 바꾼다면 오히려 아이가 혼란스러울 수 있다는 것이다.

우리 아이 수면 자세

새근새근 잠들어 있는 손주를 보면 천사가 따로 없을 정도로 예쁘기만 하다. 온종일 보채고 우는 것을 달래느라 힘이 들어도 손주가 잠이 들어 있는 모습을 보면 하루의 피로가 싹 가시는 것 같은 느낌을 받는다. 그런데 할머니들은 잠자는 아이의 '얼굴'은 보면서 정작 어떤 '자세'로 잠을 자고 있는지 관심이 없는 경우가 많다.

아이가 잠을 잘 때에는 비교적 같은 자세를 유지한다. 그런데 한 번 잠이 든 아이는 자세를 쉽게 바꾸지 않기 때문에 뼈의 형성이나 체형유지에 영향을 받는다. 특히 돌 이전에 아이들이 '어떤 수면 자세를 취하고 있는가?'에 따라 척추의 성장과 어른이 되었을 때의 자세를 결정한다. 따라서 할머니들은 아이가 바른 자세로 잠을 자고 있는지 체크하고, 그렇지 않을 경우 바른 자세로 잠을 잘 수 있도록 도와줄 필요가 있다.

아이의 수면 자세에 신경을 써야 하는 이유

첫째, 아이 뼈가 자라는 데 영향을 미치기 때문이다. 아이 뼈는 80% 이상이 연골로 되어 있고, 아직 굳어지지 않았기 때문에 젖먹이 때부터 똑바로 누워 자야 한다. 그래야만 아이가 점점 크면서 뼈가 곧게 자랄 수 있다. 또한 척추가 삐뚤어지지 않고 반듯하게 자리를 잡아야 키가 크는 데도 지장이 없다. 둘째, 성장 후에는 자세 교정이 어렵기 때문이다. 잠자는 버릇은 무의식중에 나타난다. 따라서 이미 굳어버린 수면 자세를 고치기는 쉽지 않다. 보통 돌 전에 형성된 수면 자세가 평생 지속된다고 보면 된다. 그러므로 어릴 때 수면 자세 교정은 반드시 필요하다. 셋째, 자세가 반듯해야 숙면을 취할 수 있기 때문이다. 아이는 웅크리거나 쪼그리고 자는 경우가 많은데 이는 숙면을 취하는 데 방해가 된다. 잠을 잘 자야 성장호르몬의 분비도 잘 되고 피로도 금방 풀리기 때문에 바른 자세로 잘 수 있도록 돕는 것이 좋다. 그러나 이 모든 것이 하루 아침에 바뀌기는 어렵다. 따라서 아이가 잘못된 수면 자세를 계속 유지하려고 한다면 할머니가 적극적으로 나서서 아이의 자세를 그때 그때 바로잡아주어야 한다.

아이의 나쁜 수면 자세

첫째, 엎드려 자는 것이다. 할머니 중에는 아이의 뒤통수를 납작하게 만들어주지 않으려 의도적으로 엎드려 재우는 경우가 있다. 그러나 생후 3개월 이전의 아이는 호흡의 문제가 생길 수 있고, 목 근육과 인대를 긴장시킬 수 있으므로 엎드려 자는 자세는 좋지 않다. 둘째, 다리를 꼬고 자는 것이다. 무의식중 다리를 꼬고 자는 아이가 있는데 이는 골반이 뒤틀리거나 척추가 삐뚤어질 위험이 있고, 양쪽 다리 길이가 달라질 수도 있으므로 바르게 잘 수 있도록 해주는 것이 좋다. 셋째, 한쪽으로만 자는 경우다. 오른쪽으로 누워 자는 아이는 왼쪽 고관절이 안 좋아지므로 바로 잘 수 있도록 하는 것이 좋다. 마지막으로 팔다리를 벌리고 자는 경우이다. 팔과 다리를 벌려 대(大)자로 뻗은 자세로 자는 아이는 허벅지가 비틀어질 수 있다.

아이 수면 자세 교정 방법

그렇다면 우리 손주 수면 자세를 어떻게 바로 잡아주어야 할까? 한쪽으로 누워 자는 아이는 팔의 무게 때문에 몸에 무리가 올 수 있으므로 인형을 껴안고 자게 하자. 그러면 팔의 무게에 몸이 눌리지 않게 된다. 무의식중에 얼굴 한쪽 면을 바닥에 붙이고 자는 아이는 너무 푹신한 침대나 솜 베개를 사용하지 말아야 한다. 질식의 위험이 있기 때문이다. 옆으로 치우쳐서 자는 아이는 바로 누워 자는 아이보다 베개의 높이를 약간만 더 높여주자. 머리와 척추가 일직선이 되게 해주는 효과가 있다. 천장을 보고 똑바로 누워 자는 아이는 척추의 곡선이 자연스러워지도록 가벼운 요 위에서 재우는 것이 좋다.

아이의 올바른 수면 자세

얼굴은 하늘을 향하게 하고 목은 베개와 높이를 맞춘다. 팔은 몸과 3cm 정도 간격을 두고 30도 정도 벌려 어깨에 힘이 자연스럽게 빠지도록 한다. 허리는 똑바로 펴는 것이 좋다. 그러나 너무 푹신한 침대에서 재우면 오히려 허리에 무리를 주기 때문에 바닥에 조금 두껍게 요를 깔고 자는 것이 더 좋다. 다리는 똑바로 모으고 자기가 힘들기 때문에 골반 쪽보다는 약간 넓게(약 10도 정도) 안쪽으로 기운 자세가 좋다.

수면 자세로 보는 우리 손주 성격

한쪽으로 누워서 허리를 구부리는 자세
겉은 강해 보이지만 속은 여리고 낯을 가리는 특성이 있다.

반듯하게 누워 자는 자세
매사에 느긋하고 정확한 판단력을 지녔다.

두 팔을 머리 위로 뻗고 자는 자세
자상한 성격으로 배려가 많고 다정하다.

엎드려서 베개를 감싸고 자는 자세
붙임성이 좋고, 사교적이지만 민감하고 극단적이다.

팔을 내리고 옆으로 누워 자는 자세
꼼꼼하지만 냉소적인 성격이다.

두 팔을 내리고 옆으로 누워 자는 자세
순진한 성격으로 남을 잘 믿고 어수룩하다.

우리 손주, 어떤 기저귀가 좋을까?

종이 기저귀는 일회용이기 때문에 간편한 것이 장점이다. 하지만 바람이 잘 통하지 않아 기저귀 발진이나 피부염을 일으킬 수 있다. 또한 젖어도 금방 흡수가 되기 때문에 기저귀가 젖었는지 자주 확인해야 하는 번거로움이 따른다. 또한 종이 기저귀는 경제적인 비용부담과 환경의 오염 때문에 망설여지기도 한다.

천 기저귀는 재사용이 가능해 경제적인 부담을 줄여주는 것이 가장 큰 장점이다. 바람이 잘 통하고 아이에게 덜 자극적이며, 조금만 젖어도 아이들이 불편함을 느끼기 때문에 기저귀를 자주 갈게 되어 위생적이다. 하지만 세탁에 대한 부담과 관리가 번거롭다. 그래서 종이 기저귀와 천 기저귀를 번갈아 사용하는 경우가 많다.

어떤 기저귀이든 할머니는 아이가 울지 않더라도 자주 살펴주는 것이 중요하다. 자칫 아이 엉덩이가 짓무를 수 있기 때문이다. 그래서 자주 밑을 닦아주고 공기가 잘 통하게 해주어야 아이가 불편을 느끼지 않는다. 짓물렀을 때는 기저귀 발진 연고를 발라주어야 한다.

기저귀 가는 것을 귀찮게 생각하지 말고, 손주와 눈을 맞추고 말을 건네고 웃

어주면서 즐거운 시간이 되도록 하자. 이때 손가락 한두 마디가 들어갈 정도로 느슨하게 채워주는 센스를 발휘해보자. 기저귀를 갈 때, 주의할 점은 아이 엉덩이 밑으로 손을 넣어 허리까지 받쳐서 들어 올린 다음 갈아주어야 한다는 것이다. 이때 아이가 다리에 너무 힘을 주

Tip 기저귀에 관한 이모저모

기저귀 하루 사용량
신생아: 10~15개
돌 전: 천 10~12개, 일회용 7~8개
돌 이후: 천 8~10개, 일회용 5~8개

천 기저귀 고를 때 체크 할 것
순면 소재인가?
무형광 제품인가?
박음질이 잘 되었는가?
월령과 용도가 잘 맞는가?

천 기저귀 세탁시 주의해야 할 점
대소변 기저귀는 분리해서 세탁한다.
기저귀만 단독 세탁한다.
저자극성 세제를 사용한다.
햇볕에 말린다.

게 되면 엉치 뼈와 허벅지 뼈를 연결하는 관절이 빠지는 등 고관절 탈구가 생길 수 있으므로 주의해야 한다. 손주가 뒤척일 때는 장난감을 사용해보자. 아이의 관심을 다른 쪽으로 쏠리게 한 후 기저귀를 갈면 훨씬 수월해질 것이다. 마지막으로 엉덩이는 남녀 차이를 염두에 두면서 닦자. 남자 아이라면 성기 뒤쪽과 주름 사이에 대소변이 묻기 쉬우므로 성기 주변을 꼼꼼하게 닦아주고 기저귀 앞쪽을 두껍게 채운다. 여자 아이라면 요도가 항문 가까이에 있으므로 항문 쪽을 세심히 신경 쓰고 엉덩이 쪽을 두텁게 해 소변이 새지 않도록 해주자.

천 기저귀

순면으로 되어 있어 친환경적이고, 알레르기 걱정이 없다. 바람이 잘 통하기 때문에 기저귀 발진이 예방된다. 여러 번 사용이 가능해 경제적이다. 일회용 기저귀처럼 환경 호르몬 걱정이 없다는 점이 장점이다. 흡수력이 뛰어나기 때문에 자주 갈아주어야 하는 불편함이 따른다. 빨래와 소독이 번거롭고 외출 시 불편하다는 점이 단점이다. 또한 대소변이 밖으로 새는 경우가 비일비재하다. 이럴 땐 기저귀 접는 방식과 채우는 방식을 바꾸면 도움이 된다.

일회용 기저귀

흡수성이 뛰어나서 샐 걱정이 없다는 장점이 있다. 천 기저귀에 비해 자주 갈 필요도 없어서 아이 활동성이 좋아진다. 무엇보다도 가장 큰 장점은 빨래 걱정이 없다는 것과 휴대가 간편하여 외출할 때 편리하다는 점이다. 또한 한번 쓰고 나면 버리기 때문에 위생적이다. 벨트가 있는 기저귀도 있는데 바람이 잘 통하지 않아 기저귀 발진이 일어날 수 있으므로 주의가 필요하다. 또한 적잖은 비용 부담과 환경오염 문제도 무시할 수 없다. 기저귀 성분에 포함된 특수 플라스틱은 몇 십 년이 지나도 썩지 않기 때문이다.

기저귀 발진 대처방법

기저귓 값을 아끼겠다고 한 번 쓴 기저귀를 바로 버리지 못하는 할머니들이 있다. 손주가 오줌을 조금 쌌을 땐 버리기 아까워서 두 번까지는 참고 넘기는 것이다. 하지만 이런 행동은 곧 기저귀 발진으로 이어져 더 큰돈을 버릴 수 있으므로 조심해야 한다.

기저귀 발진은 기저귀를 차는 부위에 생기는 피부병을 말한다. 주로 엉덩이, 항문, 성기 주변 및 아랫배, 허벅지 부위에 빨갛게 짓무르는 증상이 나타난다. 오랜 시간 기저귀를 차고 있어 바람이 잘 통하지 않아 생기는 것이다. 기저귀의 소재, 세탁할 때 사용한 세제 및 표백제가 원인이 될 수도 있지만 무엇보다도 할머니들이 기저귀를 바로바로 갈아주지 않는 데서 생기는 경우가 대부분이다. 그러므로 반드시 기저귀는 그때그때 갈아주고 대소변을 본 아이의 엉덩이를 물로 깨끗이 씻어주어야 한다. 그 후 기저귀를 찬 부위에 공기가 잘 통하도록 바람을 쐬어주는 것이 좋다.

가끔 헷갈리는 분들이 있는데 '기저귀 발진'은 '아토피'나 '땀띠'와는 다르다. '기저귀 발진'은 기저귀 차는 부위에만 나타나는 피부병이고 '아토피'는 몸 전체에 나타나는 피부병이다. '기저귀 발진'은 기저귀를 제대로 관리하지 않는다면 어떤 아이라도 생길 수 있지만 '아토피'는 아토피 특성이 있는 아이에게만 나타나는 체질적인 병이다. 한편 '땀띠'는 나이에 상관없이 땀이 많이 나는 곳에 누구라도 생길 수 있는 병이다.

가끔 강의를 다니다 보면 기저귀 발진은 그냥 두면 계속 번지느냐고 물어보는 분들이 있는데 치료를 하지 않고 가만히 내버려 둔다고 해서 몸의 다른 곳으로 무한정 번지지는 않는다. 일부러 치료하지 않고 가만히 내버려 두는 할머니는 없겠지만 번지지 않는다고 해서 치료가 필요하지 않은 것은 아니다. 기저귀 발진은 별다른 처방전 없이 약국에서 구할 수 있는 제품(베이비 파우더, 다이애퍼 크림)으로 치료가 간단하게 이루어진다. 그러나 요즘은 '베이비 파우더'보다는 '다이애퍼 크림'을 선호하는 추세다. 이 모든 방법으로 치료해도 아무런 효과가 없다면 피부과에 가볼 필요가 있다.

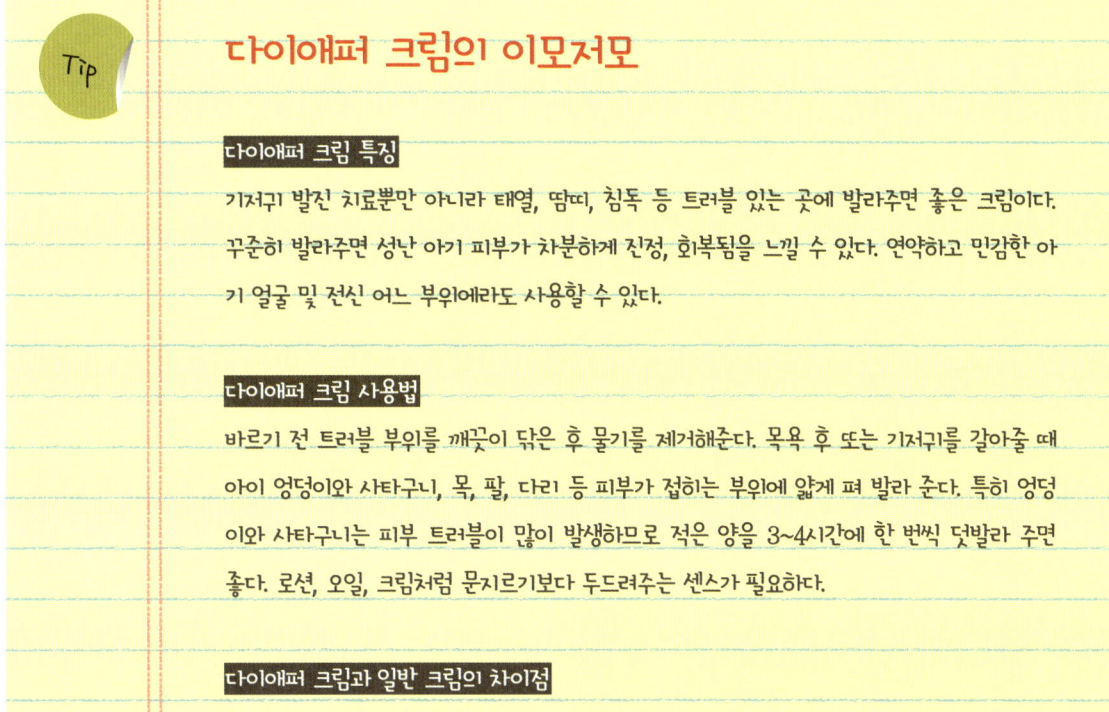

다이애퍼 크림의 이모저모

다이애퍼 크림 특징
기저귀 발진 치료뿐만 아니라 태열, 땀띠, 침독 등 트러블 있는 곳에 발라주면 좋은 크림이다. 꾸준히 발라주면 성난 아기 피부가 차분하게 진정, 회복됨을 느낄 수 있다. 연약하고 민감한 아기 얼굴 및 전신 어느 부위에라도 사용할 수 있다.

다이애퍼 크림 사용법
바르기 전 트러블 부위를 깨끗이 닦은 후 물기를 제거해준다. 목욕 후 또는 기저귀를 갈아줄 때 아이 엉덩이와 사타구니, 목, 팔, 다리 등 피부가 접히는 부위에 얇게 펴 발라 준다. 특히 엉덩이와 사타구니는 피부 트러블이 많이 발생하므로 적은 양을 3~4시간에 한 번씩 덧발라 주면 좋다. 로션, 오일, 크림처럼 문지르기보다 두드려주는 센스가 필요하다.

다이애퍼 크림과 일반 크림의 차이점
다이애퍼 크림은 목욕 후 또는 기저귀를 갈아줄 때 제일 먼저 발라주는 제품으로 피부 '진정' 효과가 있는 것이 특징이다. 그러나 일반 크림은 로션보다 오일 성분이 더 함유된 제품으로 피부에 '보습'을 주는 것이 특징이다.

SOS! 아이가 아플 때

열이 많이 날 때

어떤 할머니들은 아이의 열에 매우 민감하게 반응한다. 열이 위험하다고 생각하기 때문이다. **그러나 할머니들이 생각하는 '고열'과 의사가 생각하는 '고열'의 정도가 다르다는 사실을 알아야 한다.** 대부분의 아이는 성인과 몸 온도부터 다르다. 일반적으로 성인은 정상 온도가 36.5도지만 어린아이는 정상 온도가 37~37.5도로 성인보다 약간 높다. 그래서 아이는 한겨울에도 점퍼를 벗어 던지면서 뛰어놀고, 집안에서도 내복을 걷어 올리며 덥다고 할 수 있는 것이다.

한편 아이들은 하루에도 몇 번씩 열이 오르락내리락 할 수 있다. 그러나 만약 열이 쭉 오른 상태로 40도가 넘어가거나 39~40도가 계속된다면 병원에 가봐야 한다. 그렇지 않고 단순히 열이 조금 높은 정도라면 아이를 잘 돌봐주는 것으로 충분하다.

보통 할머니들은 아이 열이 38도 정도 되면 열이 많이 난다고 생각하면서 긴장하게 된다.

딸이나 며느리에게 알려야 하나 고민도 된다. 그러나 열이 39도가 넘어가기 시작하면 호흡 곤란 현상이나 경기 등 응급 상황이 생길 수 있으므로 전문가와 상의하여 적절한 처치를 해주는 것이 좋다.

아이가 열이 오를 때

우선 물을 자주 먹이면서 일단 지켜보는 것이 좋다. 또한 아이가 춥다고 몸을 떨고 있는 것도 열을 내느라 발생하는 일시적인 것이므로 절대 찬 수건으로 몸을 닦아주면 안 된다. 미지근한 물을 적신 수건을 짜서 심장에서 먼 곳부터 천천히 닦아줘야 한다. 이때 겨드랑이와 목 뒤도 쓸어주듯이 닦아주면 좋다. 주의할 점은 열을 한꺼번에 내리려고 물수건을 아이 몸에 이불처럼 가만히 덮어두는 분들이 있는데 그러면 열을 내리는 데 아무런 효과가 없다. 왜냐하면 물수건으로 피부를 닦아줘야만 모세혈관이 열려 열이 수분과 함께 날아가면서 열을 내려주기 때문이다. 이때 이온음료를 마시게 해주면 더 좋다.

또 열이 나는 아이가 추워서 몸을 떨면 보통 실내 온도를 높이게 되는데 그러면 오히려 집 안이 건조해지고 공기가 탁해진다. 그러므로 온도를 적절히 유지해줄 필요가 있다. 아이가 열이 심하게 날 때는 가급적 옷을 입히지 않는 것이 좋지만 추위를 느낀다면 땀이 잘 흡수되는 얇은 옷을 입히는 것이 좋다. 이렇게 해도 좀처럼 체온이 떨어질 기미가 보이지 않으면 바늘로 손발 끝 부분을 찔러 피를 내어보자.

아이가 열이 날 때 먹이는 해열제

하나는 액상 타입이다. 아이를 잘 어르기만 한다면 비교적 먹이기 쉽다는 장점이 있다. 또 하나는 좌약 타입이 있다. 아이의 항문을 통해서 약을 넣는 방식인데 의식이 없는 아이나 입으로 먹을 수 없는 아이에게 사용한다. 또 먹은 약을 자꾸 토하거나 안 먹으려고 떼쓰는 아이에게도 사용할 수 있다. 반드시 전문 의사와 상담하고 나서 사용한다.

해열제를 먹인 지 1시간도 되지 않았는데 또 먹이면 위험하니 주의해야 한다. 또 이미 개봉한 해열제는 냉장고에 보관하고 개봉하지 않은 해열제는 햇빛이 들지 않는 서늘한 곳에 보관한다.

변비와 설사에 대처하는 자세

'변비'와 '설사'는 아이가 소화를 잘 못했을 때 나타나는 증상이다.

그중에서도 '변비'는 어른들에게도 말 못할 고통이다. 하물며 어른보다 괄약근의 힘이 약하고 항문이 좁은 아이들은 오죽하겠는가? 변비에 걸린 아이들은 변을 보는 것이 힘들어서 얼굴까지 빨개지며 울기도 한다.

변비

무엇보다도 물을 충분히 먹이는 게 최고다. 또한 사과, 배, 브로콜리, 오이, 양배추, 건자두 등 섬유질이 많은 채소와 과일도 변비를 없애준다.

배 마사지를 해주는 것도 좋은 방법이다. 할머니가 하루도 거르지 않고, 배를 문질러줬더니 아이 변비가 없어졌다는 경험담이 이를 증명한다. 할머니가 조금 더 부지런해지면 아이가 건강할 수 있다는 마음가짐으로 시간이 있을 때마다 수시로 아이의 배를 따뜻하게 만져주며 소화 기관을 자극해주면 좋다. 한편 아이의 소변이 너무 노랗거나 진하면 수분이 부족한 것이니 수분 섭취에 신경을 써주어야 한다.

설사

아이 몸속에 나쁜 독소가 들어왔을 때 이를 내보내기 위해 나타나는 장의 반응이다. 아이들은 장이 완성되지 않은 상태이므로 설사가 쉽게 나타날 수 있다. 감기에만 걸려도 설사가 나타나는 아이도 있고 장이 예민한 아이는 15일 이상 설사를 하기도 한다. 설사는 다양하게 나타난다. 체질적으로 속에 열이 많은 아이는 갑자기 열이 나면서 설사와 함께 구역질을 동반한다. 찬 음식을 먹었거나 날씨가 추울 때 나타나기도 하는데 이때는 냄새가 심하지 않고 색이 진하지 않은 대변을 본다. 체했을 때도 설사가 나타날 수 있는데 트림이나 구토 증상과 함께 나타난다. 이때는 대변에서 시큼하거나 달걀 썩는 냄새가 난다.

설사와 변비의 대처법

변비가 심한 아이들에겐 덜 익은 바나나보다 갈색 반점이 생긴 숙성된 바나나가 좋다. 덜 익은 바나나는 오히려 더 심한 변비를 유발시키기 때문이다. 또한 바나나를 으깨서 먹이면 설사도 멈춘다. 분유와 따뜻한 물을 2:1 정도로 하여 진한 분유 물을 만들어 으깬 바나나와 섞은 후 먹이면 된다. 따뜻한 물에 꿀을 두 스푼 정도 타서 아이에게 먹이는 것도 좋은 방법이다. 또 '감' 역시 설사에는 탁월한 효과를 낸다. 물에 곶감을 4~5개 정도 넣고 약 30분을 끓인 후 곶감 물을 마시게 하는 것도 설사를 멈추게 한다. 그러나 수시로 설사를 하는 아이는 우유를 잘 받아들이지 못하는 경우가 많으므로 전용 분유를 먹이는 것이 좋다.

간혹 설사를 할 때 굶겨야 빨리 낫는다고 생각하는 할머니도 있는데 잘못된 생각이다. 아이의 탈수 상태가 괜찮아지면 가급적 빨리 전에 먹이던 것처럼 돌아가는 게 좋다.

장을 쉬게 하는 것보다 전과 같은 영양을 주는 것이 아이에게 좋은 영향을 미치기 때문이다. 분유도 마찬가지이다. 설사를 한다고 해서 분유를 연하게 먹일 필요 없다. 분유를 원래 주던 대로 계속 먹이는 것이 오히려 설사 기간을 줄여준다는 연구 결과도 있다.

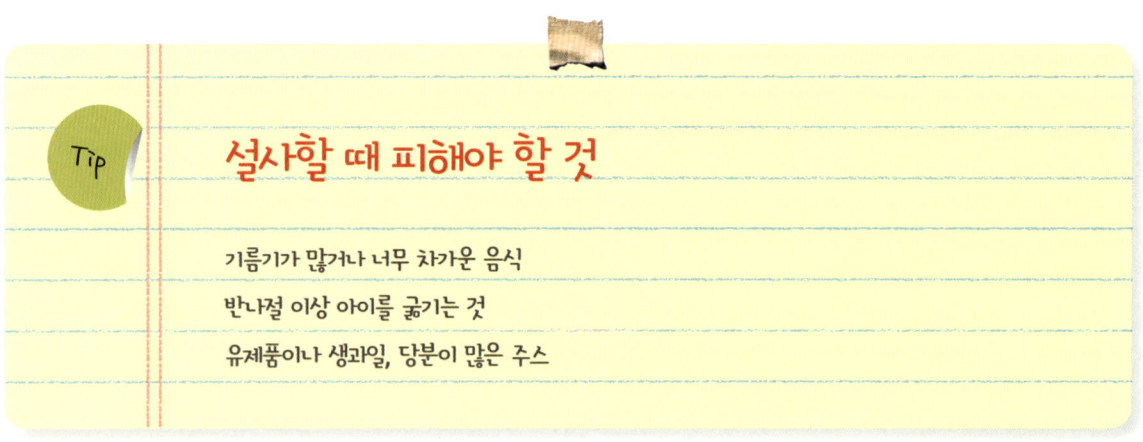

Tip **설사할 때 피해야 할 것**

기름기가 많거나 너무 차가운 음식
반나절 이상 아이를 굶기는 것
유제품이나 생과일, 당분이 많은 주스

초보 할머니 눈물 쏙 빼는 구토

할머니들은 손주가 엄마 없이도 씩씩하게 우유병을 빨고 있는 걸 보면 그렇게 기분이 좋을 수가 없다. 반면 우유를 먹은 후에 자주 게워내는 아이를 보고 있자면 안타까운 마음이 든다. 아이의 구토는 우유를 다 먹인 후 트림을 시킴으로써 어느 정도 예방할 수 있지만, 트림을 잘 시켰는데도 시도 때도 없이 토해내는 아이들도 많다. 마음 약한 할머니들을 놀라게 하는 아이의 구토, 왜 생겨나며 어떻게 대처해야 할까?

놀랍게도 신생아들에게 구토는 재채기만큼 자연스러운 증상이다. 그러므로 하루에 두세 번 정도 구토를 하는 것은 크게 이상한 일이 아니다. 발육이 완전하지 않은 아이들은 위와 식도의 역류가 쉽게 되기 때문이다. 이런 경우는 시간이 지나고 아이가 걸음마를 시작할 때 즈음 자연스럽게 좋아지게 되므로 걱정하지 않아도 된다.

그러나 병원에 가야 하는 심각한 경우도 있다. 생후 2~3주부터 자주 토하기 시작해 갈수록 심해지고 몸무게도 잘 늘지 않는다면 '유문 협착증'을 의심해보아야 한다. 이 병이 있는 아이는 우유를 먹은 후 한꺼번에 왈칵 토해내는데 심하면 갓난아이를 수술해야 하는 지경에 이르기도 한다. 그러나 수술을 하고 대부분 좋아지므로 의심된다면 내버려두지 말고 빨리 병원을 찾는 것이 좋다.

평소에 아이가 토하는 것을 막으려면 우유를 천천히, 조금씩 자주 주는 것이 좋다. 보통 할머니들은 아이가 배불리 먹어야만 본인이 안심이 되고 아이도 만족하여 숙면을 취할 수 있을 것으로 아는데 필요 이상으로 많이 주면 오히려 구토를 일으키므로 주의해야 한다. 또 배가 눌리지 않도록 기저귀를 약간 느슨하게 채우는 것도 한 방법이다.

아이가 토하면 할머니는 깜짝 놀라 얼른 아이를 품에 안거나 눕히게 된다. 이때 토사물이 역류해 폐로 들어갈 수 있으니 주의해야 한다. 그러므로 고개를 가누지 못하는 아이는 고개를 옆으로 돌려주어야 한다. 그래야 토한 것이 밖으로 자연스럽게 흘러나올 수 있게 된다. 또한 힘들더라도 우유를 먹인 후 30분~1시간 정도는 선 채로 안아주는 것이 좋다. 그러나 무엇보다도 트림시키는 것이 필수라는 것을 명심하자.

우유 단백질 때문에 생기는 알레르기도 구토가 일어나는 원인이 될 수 있다. 이 우유 알레르기는 보통 2살 정도 되면 없어지지만 간혹 어린이가 되어도 계속되고 드물지만 평생 지속되는 사람도 있다. 우유 알레르기가 있는 아이는 다른 유제품에도 똑같은 증상을 보인다.

아이가 토하고 나면 수분이 부족해서 물을 찾는다. 이때 아기용 보리차를 자주 먹여 탈수되지 않도록 해주자. 이온음료도 좋다. 그러나 너무 뜨겁거나 찬물을 주는 것은 좋지 않고 사과주스나 우유는 구토를 더 심하게 만들 수 있으므로 주의해야 한다.

돌이 지났는데도 우유만 주면 자주 토한다면 이유식으로 바꿔볼 필요가 있다. 우유병을 지나치게 오래 빨다 보면 다른 음식을 입에 대지 않으려는 습성이 생기기 때문에 일찍 이유식을 시작하는 아이에 비해 쉽게 토하게 된다. 이럴 땐 할머니가 마음을 굳게 먹고 우유 대신 과감히 이유식을 먹여주면 의외로 아이의 건강이 좋아질 수 있다.

병원을 너무 무서워하는 아이

아이는 병원 문을 들어서는 순간부터 울음을 터뜨린다. 그러나 아이가 병원에 들어섰을 때 우는 것은 당연한 일이다. 할머니들도 생각해보라. **아이들에게 병원은 모르는 아줌마와 아저씨가 있고, 옷을 벗기고, 주삿바늘로 자신의 엉덩이를 찌르는 무서운 곳이다.** 아이가 운다고 해서 할머니가 의사에게 사과하거나 변명하는 것은 아이의 감정을 무시하는 것과 같다. 그렇다면 어떻게 해야 아이가 병원에서 안심할 수 있을까?

먼저 예방접종을 할 때 몇 번 정도 미리 병원을 방문해본다. 그리고는 "네가 병원을 싫어하는지 알고 있지만 할머니가 옆에 있어줄 테니 안심해도 돼."라고 아이를 안심시킨다. 진료 당일, 진료를 받기 전 순서를 기다릴 때도 불안해하는 아이에게 말을 건네면서 긴장을 풀어보자. 의사가 진찰하는 순간에도 옆에서 아이의 손을 잡으며 무서움을 느끼지 않게 돕는다. 만약 주사를 맞아야 한다면 숨기지 말고 말해준다. "병에 걸리지 않으려면 씩씩하게 주사를 맞아야 한

124 실제 육아 적용

단다. 잘할 수 있지?"

만약 이 과정에서 아이가 운다면 혼자 내버려두지 말자. 아이는 혼자 감정을 조절할 수 없으므로 옆에서 도와줘야 한다. 만일 아이가 병원에서 울고 소리를 지르며 발버둥을 치는 등 어떤 방식으로든 통제되지 않을 때(특히 다른 아이들과 함께 있을 때)는 병원 밖으로 데리고 나가서 기분 전환을 시켜보자. 그리고 아이가 느끼는 감정을 대신 설명해주자. "우리 손주가 병원에 와서 몹시 무서운가보구나? 할머니가 옆에 있으니 걱정 마."

우리 아이 약 먹이기 걱정 끝!

아이는 약 먹기를 무척이나 싫어한다. 그래서 할머니는 아이 약을 먹일 때마다 진이 다 빠지기 일쑤다. 약병만 봐도 입을 막고 도망가는 아이, 약이 먹기가 싫다고 울고불고 떼쓰는 아이, 약이 담긴 수저를 입에 데기도 전에 우는 아이 등 유형도 가지가지다. 어른들이야 '입에 쓴 약이 몸에도 좋다.'라며 참고 먹지만 아이는 그렇지 못하다. 조금 말귀를 알아듣는 아이면 달랠 수 있으니 그나마 다행이다. 그러나 할머니와 대화가 안 되는 어린 아이일수록 약 먹이기는 무척 힘든 일이다. 그렇다면 도대체 어떤 방법으로 약을 먹이는 것이 좋을까?

가루약

보통 달콤한 물약과 함께 처방된다. 그러나 물약이 없을 때는 가루약을 조금 덜어서 미지근한 물에 녹여 먹이면 좋다. 그냥 먹이면 쓰니까 한 스푼 정도를 꿀이나 잼, 플레인 요구르트 등 아이의 입맛에 맞는 것을 선택해서 섞은 뒤 먹게 하는 방법도 있다. 단, 어린 아이에게 분유에 약을 타서 주면 효과가 없다. 그뿐만 아니라 분유 맛이 원래 쓴 것이라고 생각하여 다음부터 분유를 잘 안 먹으려 할 수가 있으므로 주의하자.

시럽

1회분을 약 전용 스포이트에 담아 아이의 볼 안쪽으로 흘려 넣어주면 좋다. 먼저 주사기에다가 약을 용량만큼 담는다. 그리고 약을 담은 주사기를 아이의 입안으로 쏜다. 그렇게 아이가 한 모금씩 약을 넘기면 또 넣어주는 방식으로 계속해서 넣는다. 그러면 약을 흘리지 않고 먹일 수 있다. 만약 아이가 쓴맛 나는 시럽을 먹지 않으려 한다면 요구르트와 함께 섞어서 먹여도 좋다. 주의할 점은 아이에게 쓴맛을 못 느끼게 하려고 아이 코를 막고 먹이는 할머니들이 있는데 이것은 위험하다. 약이 기도를 통해 폐로 넘어가면 기관지염이나 폐렴을 일으킬 수 있기 때문이다.

알약

어린이에게 처방하는 경우는 거의 없지만 부득이하게 먹여야 할 경우가 있다. 무리하게 먹이다가 알약이 기도에 걸려 아이가 숨을 못 쉬게 될 수 있으므로 주의해야 한다. 또한 아이들은 알약을 먹으라고 주면 대부분 물만 삼키고 약은 그대로 물고 있는 경우가 많다. 그러므로 되도록 가루약으로 처방을 부탁하는 것이 좋다. 약을 반으로 쪼개거나 가루로 만들어 먹이면 위를 자극하거나 효과가 없을 수 있으므로 반드시 전문의와 상의하여 진행한다.

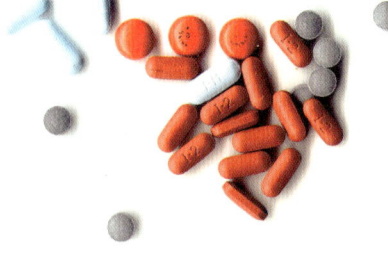

안약

재빨리 넣는 것이 중요하다. 우선 아이를 할머니의 무릎에 눕힌다. 그리고는 아이의 머리를 고정하고 아이의 두 눈꺼풀을 위 아래로 잡는다. 그 다음 재빨리 눈 안쪽에서 바깥쪽으로 안약을 몇 방울 떨어트린다. 이 때 병균이 함께 들어갈 수 있으니 약 용기 끝이 아이의 눈알이나 눈꺼풀에 닿지 않도록 주의한다.

좌약

약을 넘기기 힘든 아이에게 사용한다. 좌약을 사용할 때는 손을 꼭 깨끗이 씻고 시작하자. 포장된 상태인 좌약을 사용할 양만큼 칼로 자른 뒤 포장을 벗긴다. 약을 잘 들여놓으려면 아이를 바닥에 눕히고, 엉덩이를 살짝 들게 해 항문에 물이나 베이비오일을 조금 바른다. 그리고는 아

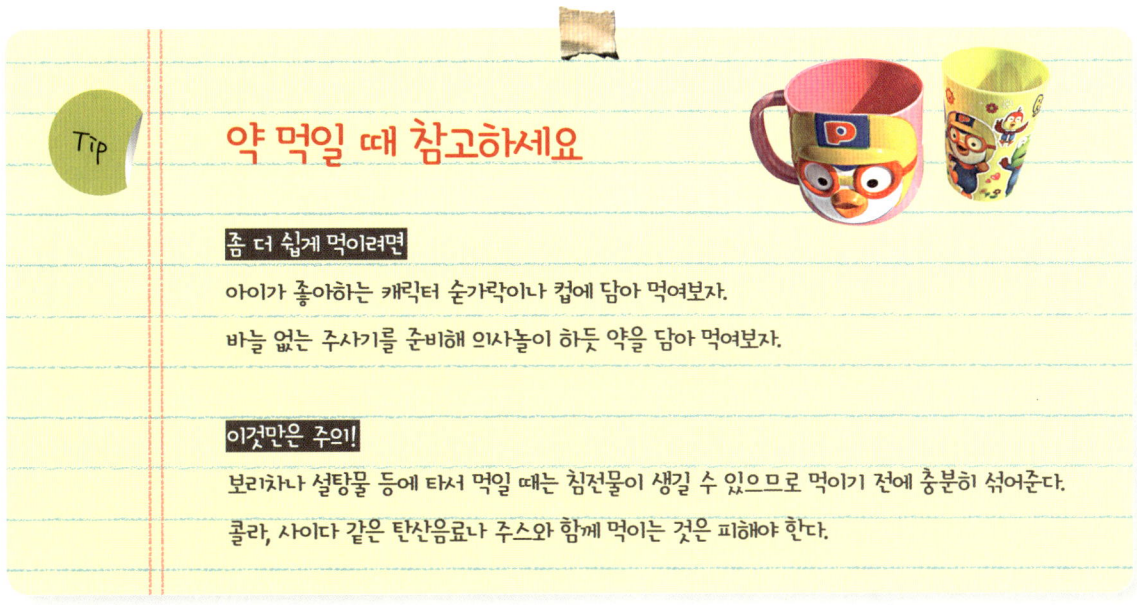

Tip

약 먹일 때 참고하세요

좀 더 쉽게 먹이려면
아이가 좋아하는 캐릭터 숟가락이나 컵에 담아 먹여보자.
바늘 없는 주사기를 준비해 의사놀이 하듯 약을 담아 먹여보자.

이것만은 주의!
보리차나 설탕물 등에 타서 먹일 때는 침전물이 생길 수 있으므로 먹이기 전에 충분히 섞어준다.
콜라, 사이다 같은 탄산음료나 주스와 함께 먹이는 것은 피해야 한다.

이의 양다리를 잡고 좌약의 뾰족한 부분부터 항문에 천천히 밀어 넣는다. 10초 정도 누른 후 잘 들어갔는지 확인한다.

피부약

먹는 약과 함께 사용하면 좋지 않다. 그리고 오랫동안 사용하면 호르몬의 균형을 깨뜨려 아이의 성장에 문제가 될 수 있다. 그러므로 한번 쓴 약은 될 수 있으면 다시 쓰지 않는게 좋다.

약을 먹일 때 강제로 먹이는 것은 좋지 않은 방법이다. 오히려 강한 거부감이 생겨서 다음 번에 더욱 힘들 수 있기 때문이다. 강제로 약을 먹이면 먹자마자 토할 수도 있다. 이럴 때는 정해진 용량의 반을 다시 먹이면 된다. 또한 약을 먹이고 30분 정도는 재우지 않는 것이 좋다. 이렇게 해야 약이 위 속에 오래 머물지 않고 빨리 장으로 보내지므로 위에 부담이 적기 때문이다. 마지막으로 부탁하고 싶은 것은 아이가 약을 먹기 싫어한다고 야단을 치기보다는 잘 먹는다고 어르고 달래며 칭찬해주는 것이다.

갑자기 아픈 아이, 어떡하죠?

할머니는 손주에게 응급상황이 생겼을 때 당황하여 허둥지둥하게 된다. 머릿속에 아무 생각도 나지 않고 일단 119부터 누르고 보는 것이다. 그러나 응급실에 가도 생각보다 기다리는 시간이 길 수 있기 때문에 증상의 원인을 정확하게 파악하고 침착하게 준비물을 챙겨가는 것이 좋다. 신속한 치료를 할 수 있게 예방접종 기록 카드도 잊지 말고 챙겨가야 한다. 응급실에 가면 제일 먼저 물어보는 것이 아이의 키와 몸무게다. 그러니 응급상황에 대비해 평소 손주의 현재 몸무게와 키를 정확하게 알고 있으면 좋다.

의사나 간호사에게 증상을 설명할 때는 정확한 수치와 정보를 알려야 한다. 예를 들면 "아이가 우유를 잘 안 먹어요."라고 말하는 할머니들이 있는데 의사에게 별 도움이 안 되는 발언이다. "며칠 전부터 감기에 걸렸는데 평소 500cc의 분유를 먹던 아이가 300cc도 안 먹어요."라고 구체적으로 말하는 것이 바람직하다.

또 아이가 현재 복용하고 있는 약이나 앓고 있는 병이 있다면 의사에게 미리 말해주는 것이 좋다. 물론 그럴 겨를이 없겠지만 그래도 처방전이나 최근 병원 기록들을 가지고 가면 훨씬 도움이 된다. 열이 나서 응급실에 갈 땐 체온의 변화를 기억하거나 적어두었다가 간호사에게 알려주는 것이 좋고, 구토를 했을 땐 토사물 봉지를, 설사를 했을 땐 대변을 본 기저귀를 가져가 보여주면 의사의 판단에 도움이 된다. 이물질이나 약물을 삼켰을 때는 삼킨 물건이나 약을 가져가 보여주면 좋다.

할머니도 할 수 있는 응급처치

아이들은 언제 어디서 어떤 상황에 처할지 모르기 때문에 할머니는 항상 긴장의 끈을 놓지 말아야 한다. 그리고 손주를 위해 최소한의 응급처치를 알아두면 좋다.

코피가 날 때
아이를 앉히고 코피가 나는 쪽을 잠시 잡고 있어야 한다. 피가 멈췄으면 화장지를 가늘고 길게

응급실에 꼭 가야 하는 상황

생후 6개월 이하의 아이가 38도 이상의 열이 날 때

고열이 나면서 의식이 몽롱하거나 심한 두통으로 괴로워할 때

눈의 초점이 없거나 손발을 심하게 떨 때

이름을 불러도 의식이 없고 정신을 차리지 못할 때

고열과 함께 경련이 15분 이상 계속될 때

일어날 시간이 지났는데 깨워도 일어나지 못할 때

이물질에 눈이 찔려 깊이 박혔을 때

감전되어 상처 부위가 화상 입은 것처럼 검게 변하거나 짓물러 있을 때

건전지를 먹었을 때(특히 버튼형 리튬 건전지는 식도를 막을 수 있다)

욕조에 빠진 후 얼굴이 창백해지면서 흔들거나 때려도 반응이 없을 때

미끄러져 머리를 다쳐 얼굴은 새파래지고 귀나 코에서 피가 나는데도 울지 않을 때

코피가 나는데 지혈을 해도 30분 이상 피가 멎지 않을 때

코피가 하루에도 몇 번씩 3일 이상 날 때

모서리에 부딪혀 얼굴 부위가 7mm 이상 찢어졌을 때

사탕, 동전 등을 먹고 갑자기 눈을 희번떡 거리거나 숨쉬기 곤란한 모습을 보일 때

문틈이나 창틈에 손가락이 끼어 손가락을 잘 움직이지 못하거나 만지면 아파서 울 때

손가락이 끼었는데 괜찮다가 며칠 후 붓고 색이 검푸르게 변했을 때

높은 곳에서 떨어져서 팔 또는 다리가 심하게 부어오르고 건드리지도 못할 정도로 울 때

손톱에 가시가 들어가거나 유리, 못 등이 박혔을 때

담배, 약, 세제, 아세톤, 살충제, 빙초산, 수은, 매니큐어, 염색약, 나프탈렌을 삼켰을 때

뜨거운 물에 데여 속살까지 하얗게 드러났을 때

손톱이 빠졌는데 들뜬 부분에서 피가 멈추지 않을 때

애완동물과 놀다가 물렸을 때

벌레에 쏘였을 때

실제 육아 적용

잘라 피가 나오는 것을 막아준다. 5~10분 정도 눌러서 피를 멈추도록 한다. 그래도 30분 이상 코피가 계속되면 병원에 가봐야 한다. 혈관이 손상되었을 수도 있기 때문이다. 이때 코피를 멎게 한다고 아이 목 뒤를 젖히는 할머니도 있는데 질식의 위험이 있으니 조심해야 한다.

손가락이 잘렸을 때
피를 멈추게 하는 것이 급선무다. 잘린 손가락은 48시간 이내에 봉합해야 하므로 재빨리 수건이나 천에 싸서 0~4도로 차갑게 유지시킨 후 병원으로 간다.

귀에 물이 들어갔을 때
수영장이나 목욕탕에서 아이의 귀에 물이 들어가는 경우 아이는 당황하며 울게 된다. 이때 할머니들은 별일이 아니라고 넘길 수 있는데 물을 제거하지 않으면 나중에 귓속에 세균이 생겨 중이염으로 발전할 수 있으므로 신경을 써줘야 한다. 아이의 머리를 아래로 기울여 귀에 들어간 물을 털어내는 것이 보편적인데 따뜻한 바람이 나오는 드라이기를 틀어줘도 물이 잘 마른다.

뜨거운 물 때문에 화상을 입었을 때
뜨거운 옷을 급하게 벗기다보면 2차 화상을 입을 수 있다. 그러므로 샤워기에서 나오는 찬물을 옷에 뿌려 천천히 식히면서 온도를 내리는 것이 좋다. 옷을 다 식혔으면 벗겨내고 병원에 재빨리 데려간다.

욕조 물에 빠졌을 때
일단 아이를 바로 물에서 빼낸 다음 숨을 쉬는지 확인한다. 숨을 쉬지 않으면 119에 즉시 신고

한다. 신고 후에는 할머니가 바로 심폐소생술을 해야 한다. 아이의 가슴을 서른 번 정도 눌러주면서 인공호흡을 두 차례씩 5회 반복한다.

유해물질을 마셨을 때

보통 아이의 등을 두드려 삼킨 유해물질을 뱉어내게 하는 것이 급선무라고 생각하는데 무리하게 토를 시키다가 식도 손상을 가져올 수 있으므로 좋은 방법이 아니다. 그러므로 119에 전화해서 전문가와 통화를 하면서 응급 처치를 하는 것이 좋다. 보통은 입안과 식도에 구멍이 나고 부어오르는 것을 막기 위해 우유나 물로 희석한다.

넘어져 긁혔을 때

상처 자리가 이물질로 더러워져 있다면 흐르는 물로 잘 씻어준다. 그다음 소독약으로 소독하고 밴드를 붙여준다. 가시에 찔렸으면 가시를 뽑고 나서 소독해야 한다. 이외에는 대부분 처치 후 10분 정도 눌러주면 피가 멎을 것이다. 이때 상처가 깊거나 나뭇가지에 찔린 것을 그냥 두면 그 자리에 파상풍균이 들어갈 수 있으므로 세심하게 소독해주어야 한다.

구토를 할 때

기도가 막히지 않도록 고개를 옆으로 돌려준다. 탈수로 인한 탈진을 막기 위해 보리차나 설탕을 탄 소금물을 먹이면 좋다.

올바른 배변 습관 길들이기

배변훈련 준비

건강해지려면 잘 먹고 잘 자고 잘 싸야 한다는 말은 그냥 우스갯소리가 아니다. 백번 맞는 말이다. 그런데 할머니들은 먹고 자는 것에는 관심이 많으면서 '싸는' 것에는 신경을 잘 쓰지 않는다. 그러나 체내의 노폐물을 밖으로 내보내는 '배설 기능'이야말로 아이 건강에 가장 중요한 요소이다.

변이란 더럽고 혐오스러운 것이 아니다. 변을 보고 장난으로라도 "아이, 더러워", "이크, 냄새"라고 얼굴부터 찡그리는 할머니의 행동은 아이에게 스스로 더러운 것을 만들어냈다는 생각을 하게 해 죄책감을 준다. 이런 감정이 쌓이다 보면 숨어서 변을 보거나 기저귀를 찬 상태에서만 변을 보는 등 변비로 이어지기도 한다.

18~36개월의 아이들은 유난히 똥과 관련된 이야기들을 재미있어 하고 방귀나 똥구멍과 같은 말을 하며 재미있어 하기도 하는데 자연스러운 현상이다. 이때 변은 우리 몸의 자연스럽고

필수적인 생리 현상이라고 생각하게 해야 한다. 또한 변을 제대로 보는 것은 매우 중요하고 심지어 자랑스러운 것이라고 얘기를 해주면 좋다. 대신 항상 깨끗하게 잘 처리해야 하며 정해진 곳에서 되도록 정해진 시간에 일을 보는 것이 좋다고 훈련 시켜야 한다.

이처럼 바른 배변습관은 아이 때부터 길러주는 것이 좋다. 규칙적인 배변은 건강에도 좋고 아이의 성격 형성에도 큰 영향을 끼치기 때문이다. 귀여운 우리 손주 배변습관을 위해 할머니부터 인식의 전환을 해보자. "할머니, 응가~" 하며 손주가 엉거주춤 다가왔을 때, 이미 바지 아래로 대변이 흘러내리더라도 "응가 하기 전에 할머니에게 말을 했어야지! 어휴 내가 못 살아!"라고 하지 말고 이제부터는 "아유~ 우리 손주 오늘도 예쁜 응가 했네." 로 바꿔서 말해 보는 것은 어떨까? 손주의 올바른 배변습관 형성을 위해 뒷처리 수고를 뒤로 하고 말이다.

> **Tip**
>
> ## 배변훈련 시작 시기
>
> 소변을 네 시간 정도 참았다가 한 번에 쌀 수 있을 때
> 대변을 일정한 시간에 쌀 수 있을 때
> 혼자 걸어가서 변기에 앉을 수 있을 때
> 할머니가 화장실에서 볼일 보는 것을 따라할 수 있을 때
> "싫어", "안 해" 등의 말을 하고 자기 주장이 늘어날 때
> 바지나 치마를 혼자 올리고 내릴 수 있을 때
> "쉬", "응가" 등의 말을 알아듣고 사용할 수 있을 때
> 대소변 때문에 옷이 젖으면 불편해할 때

실제 육아 적용

배변훈련이 필요해요

아이는 배변훈련을 하면서 처음으로 자신의 충동을 할머니로부터 통제받는 경험을 하게 된다. 이때 만일 엄격한 할머니가 강압적으로 배변훈련을 시키면 아이는 규칙과 규범에 지나치게 얽매이는 성격이 된다. 반대로 배변훈련이 허술하게 되면 규칙이나 규범은 전혀 신경 쓰지 않고 제멋대로 하는 독불장군 같은 아이가 된다. 그러므로 올바른 배변훈련 교육은 꼭 필요하다.

배변훈련은 할머니들이 딸과 며느리보다 훨씬 잘할 수 있다. 예전에 딸, 아들들을 키울 때를 생각해보라. 여름이면 아이를 훌러덩 벗겨놓고 자유롭게 돌아다니게 놔두고 혹시나 대소변이라도 보게 되면 "아이고, 내 새끼, 예쁘게 똥 눴네." 하고 웃으면서 치워주지 않았는가? 오줌을 눌 때가 되었다 싶으면 "쉬~" 하면서 오줌을 누게 했다. 그렇게 깡통을 들고 다니면서 '쉬'를 하는 것만으로 자식들은 아무 데서나 대소변을 보면 안 된다는 것을 자연스레 터득하게 된 것이다. 한 마디로 안 나오면 안 나오는 대로, 나오면 나오는 대로 아이 스스로 깨칠 때까지 기다려 주었던 것이다.

그때를 떠올리며 따라 해보자. 손주가 할머니에게 '쉬'라고 말하는 것만으로도 훈장감이다. 그러나 실수로 오줌을 누었다고 해서 화내지 말고 "우리 손주 쉬야는 코끼리 변기가 좋아하는데 아유 아까워라." 하며 소변을 그냥 흘려버린 것에 대해 안타까운 마음을 보이자. 반면 아이가 변기에 제대로 오줌을 쌌다면 칭찬해주자. "아이고, 우리 손주가 오줌도 잘 가려서 예쁘네." 아이에게 칭찬보다 좋은 길들이기 방법은 없다.

대소변을 잘 못 가리는 것을 마치 큰일인 것처럼 혼내면 아이는 무서워한다. 제대로 배변훈련을 하지 않는다고 해서 꾸중하지 않도록 하자. 아이가 하루빨리 대소변을 가리길 원한다면 놀이를 하듯 재미있게 가르쳐보자. "잘 가 오줌아. 잘 가 똥아." 아이 몸에서 나온 것을 더러워하지 말고 이렇게 친근하게 인사해보자. 변은 아이의 친구다.

오줌이 마려우면 반드시 변기에서 봐야 한다는 것을 강조하며 교육을 시작하자.

"쉬하고 싶으면 여기로 달려오는 거야?"

"할머니도 쉬할 땐 이렇게 하지? 너도 한번 앉아봐." 하며 변기에 앉은 할머니를 따라할 수 있게 아기 변기를 끌어 와 같이 앉도록 한다. 만약에 이때 기저귀에 오줌을 싸버렸다고 해도 변기에 앉혔다가 교육을 한 후 갈아준다.

만약 대변을 가리는 방법을 알려주는 책이 있다면 책을 이용해보는 것도 좋다. 책 속의 아이가 처음에 변을 가리지 못해 실수한다면 "어이구 이거 봐라. 책 속의 두리가 우리 손주랑 똑같네!" 하며 동질감을 주자. 책 속의 주인공이 실수를 줄여가는 과정들을 읽어본 뒤, 아이가 변

> **Tip**
>
> ## 분유와 모유를 먹는 아이의 변
>
> **모유를 먹는 아이의 변**
> 모유를 먹는 아이의 변은 분유를 먹는 아이의 변보다 묽다. 변의 상태는 물기가 많아서 기저귀를 푹 적시기도 하고 거품이 생기는 것도 있다. 흔히 할머니들은 설사라고 생각하기 쉽지만 정상이다. 또한 하루에 변을 3~4회 보는 것이 보통이지만, 생후 6주가 넘은 아이는 모유를 먹는 양이 적어 일주일쯤 변을 보지 않을 수도 있다.
>
> **분유를 먹는 아이의 변**
> 분유를 먹는 아이의 변은 묽지만 약간의 모양을 어느 정도 갖추고 있다. 색깔은 주로 연노란 색이나 연갈색이다. 간혹 아이가 녹변을 본다고 분유를 바꾸려는 할머니들이 있는데 분유를 바꾼다고 해서 녹변이 황금빛으로 변하지는 않는다.

을 볼 때마다 그때그때 비교되는 이야기를 한다.

"우리 손주는 두리보다 훨씬 더 잘할 것 같애."라며 손주에게 용기를 주자. 그러다가 한 번이라도 대소변 가리기에 성공을 한다면 "우와. 우리 손주가 두리한테 이겼네!" 하며 호들갑을 떨어보자. 그러면 스스로가 대견해서 소변이 조금만 마려워도 변기에 앉으려 할 것이다.

아이의 배변습관을 올바르게 길들이기 위해서는 먼저 아이가 변기와 친해지는 것이 급선무다. 아이 변기를 잘 보이는 곳에 놓거나 '변기에 앉아 있는 것은 즐거운 일'이라고 자연스럽게 느낄 수 있도록 해주면 좋다.

대소변을 빨리 가릴 수 있는 지름길은 반복적인 연습밖에 없다. 처음에는 당연히 잘 안 된다. 그러므로 인내심을 가지고 계속 연습을 시키는 것이 중요하다. 간혹 아이가 대소변을 뗄 나이가 됐는데도 대소변을 못 가린다면 답답한 마음에 화를 낼 수도 있다. 그러나 만일 조급한 마음에 아이를 다그쳐서 아이가 스트레스라도 받게 되면 밤에 오줌을 싸는 '야뇨증'이 생길 수 있다. 또한 무엇보다도 성격이 나빠질 수 있으므로 주의하자.

대소변을 가리는 또 다른 방법으로 인형을 이용하는 방법이 있다. 오줌싸개 인형을 준비해 놓고 아이에게 그 인형을 가지고 배변훈련을 시켜보도록 하자. "인형이 쉬를 하고 싶어 하는데 어떻게 해야 할까?" 하고 우선 말해보자. 그러면 아이가 인형을 변기에 앉혀 쉬를 하게 하는 시늉을 할 것이다. 그러면 "착하구나. 변기에 쉬를 했네."라고 아이보고 인형에게 칭찬을 하게 시켜보자. 칭찬이 끝나면 아이와 함께 박수를 치고 기뻐하며 인형 팬티를 올려주고 변기를 비우는 시늉을 하자. 아이는 인형을 보면서 올바른 배변습관을 기를 수 있다.

이처럼 배변훈련에 있어서 무엇보다도 칭찬만큼 좋은 것은 없다. 아이가 오줌을 누고 싶어 변기를 향해 갈 때부터 칭찬을 해줘야 한다. 변기 쪽으로 걸어갈 때 한 번, 변기에 앉을 때 한 번, 팬티를 손으로 내리고 오줌을 누고 팬티를 다시 올릴 때까지 계속해서 칭찬한다. 이때 말로 칭찬해도 좋지만 과자를 주거나 안아주거나 박수를 쳐주는 등 다양하게 칭찬해주면 더 효과적이다. 소변보는 것을 완벽하게 해냈다면 이후 대변보는 훈련까지 동시에 습득할 수 있다. 훈련 도중 팬티에 똥을 쌌다면 오줌을 쌌을 때와 마찬가지로 연습을 시키면 되는 것이다.

아이가 변을 만지려고 하면 부드러운 말로 타이르자. 아이는 변이 자기 몸속에서 스스로 만들어낸 것이라서 만져보고 싶고 구경하고 싶어 한다. 그렇다고 만지게 해서도 안 되지만, 너무 혼을 내 대소변이 더럽다는 것을 느끼게 해주어도 좋지 않다. 스스로 만들어낸 것이 더럽다는 생각이 들면 부끄러움과 죄책감을 느끼게 된다. 부드러운 말로 대변을 만지지 않게 하고 대변이 더러운 것이 아니고 스스로 만든 예쁜 작품이라고 칭찬을 많이 해주는 것이 좋다.

물론 어려운 점도 있을 것이다. 아이들은 대소변 가릴 때 자기 뜻대로 되지 않으면 무척 실망해서 울어버리기도 하고 두려움을 억지로 참기도 하기 때문이다. 그러나 대소변 가리기는 아이가 스스로 해야 하는 일 중 가장 중요하다. 아이가 대소변을 가린다는 것은 항문 근육 발달을 뜻할 뿐만 아니라 정서 발달이 되고 있음을 보여주기 때문이다. 특히 아이에게 스스로 해냈다는 성취감을 주는 것이 중요하다. 그러므로 할머니는 아이가 실패하더라도 죄책감을 느끼지 않을 수 있게 감정을 잘 조절해주어야 배변 훈련도 잘되고 정서 발달에도 문제가 없게 된다.

변 색깔로 보는 아이 건강

아이가 얼마나 소화를 잘하고 있는지, 아이 배 안의 일들을 눈으로 볼 수는 없지만 간접적으로 볼 수 있는 것이 바로 '변'이다. 변의 색은 장내에 음식물이 머무는 시간, 분해하는 힘, 장내세

균의 종류와 활동성, 아이의 컨디션, 음식의 종류에 따라 달라진다. 그러므로 기저귀를 갈 때마다 아이 변 색깔을 확인해보며 수시로 건강 상태를 체크해보자. 또한 변 색깔뿐만 아니라 변의 묽은 정도나 냄새 등의 상태도 같이 확인하면 좋다.

순두부같이 흰 변
이것은 분유를 먹는 아이에게 주로 나타나는데 분유의 유지방이 굳어서 생긴 것이다. 흔히 할머니들이 '생 똥'이라고 부르는 것으로 일반적으로 소화되지 않을 때 나타난다. 트림을 잘 시키고 잘 뛰어놀도록 하면 크게 걱정할 문제는 아니다. 그러나 변의 군데군데 하얀색이 묻어 나온다면 췌장과 관련된 병을 의심해볼 수 있다.

불그죽죽한 변
주로 이유식을 먹는 아이에게 이 증상이 나타나는데 변속에 당근이나 야채가 섞여 있기 때문이다. 이유식을 만들 때 야채를 좀 더 푹 삶아 넣으면 변 색이 옅어지고 정상적으로 돌아오게 된다. 그러나 아이 변에 출혈이 있는 경우엔 이야기가 달라진다. 이때는 피가 변에 어떻게 묻어 있는지가 관건이다. 변 전체에 스며들어 있는 것 같이 붉을 때는 '장 중첩증'이나 '세균성 장염'의 가능성이 있으므로 반드시 전문의의 진찰을 받아야 한다.

초록색 변
녹색 변은 자연스러운 현상이므로 걱정하지 않아도 된다. 보통 모유에서 분유로 바꿔 먹거나 이유식을 시작한 아이들에게 자주 나타난다. 붉은색 변과 같이 건강의 문제라기보다는 먹은 음식 때문에 생긴다. 단, 녹변에서 시큼한 냄새가 나거나 피가 섞여 있다면 장염일 수 있다.

찰흙같이 끈적한 변

단순한 끈기는 괜찮지만 노란 콧물처럼 지나치게 끈적거리는 변이 나왔다면 좀 더 주의 깊게 지켜봐야 한다. 두세 번 나오다 말면 별일이 아니지만 지속적으로 나타나면 건강에 이상이 있을 수 있다는 신호이기 때문이다.

어른 변과 같이 냄새가 심하게 나는 변

이런 아이는 소화 기관이 약한 경우가 많다. 그러나 냄새만 지독할 뿐 다른 증상 없이 잘 먹고 잘 논다면 크게 걱정하지 않아도 된다.

염소 똥 모양의 딱딱한 변

이런 변을 보는 아이들은 십중팔구 변비 증상이 함께 나타난다. 변비가 심한 경우 변이 나오면서 항문에 상처를 주기도 한다. 먹는 양이 부족하거나 먹는 음식에 섬유질이 부족할 때 생기는

> **Tip**
>
> **아이 변비**
>
> 신생아들은 하루 한 번씩 변을 잘 보다가도 갑자기 4~5일씩 안 보기도 한다. 이럴 때 변비가 생겼다고 생각하기 쉬운데 신생아들은 다른 이상이 없어도 일주일 동안 변을 안 볼 수 있다. 아이가 변비가 있을 땐 물을 자주 먹이는 것이 좋다. 또한 이유식에 섬유질이 많은 채소를 많이 넣어 먹이면 도움이 된다. 하지만 당근과 노란 호박, 익힌 사과는 변비를 더 심하게 할 수 있으니 주의하자.

증상이다. 물을 많이 먹이거나, 이유식을 먹는 아이라면 과일 주스나 채소 등을 많이 먹을 수 있도록 해주는 것도 좋다.

먹물같이 검은 변

쑥색의 변이 아닌 검은색의 변은 위나 십이지장에 큰 문제가 생겼을 때 발생하는 증상이다. 이런 증상이 나타나면 반드시 기저귀를 가지고 큰 병원으로 찾아가 의사와 상담을 받아야 한다.

아이 변에 대한 오해와 진실

변을 자주 보면 성장에 문제가 생긴다?

아니다! 아이가 잘 먹고, 잘 놀고, 몸무게도 늘지 않았다면 변을 자주 본다고 해도 크게 걱정할 필요 없다. 변의 상태가 나쁘지 않다면 조금 더 기다려보고 그래도 안심이 안 된다면 소아과 의사와 상담해보자.

찬 분유를 먹이면 장이 튼튼해진다?

아니다! 찬 분유를 먹이면 장이 튼튼해진다고 믿는 할머니들이 있는데 의학적으로 별 근거가 없는 이야기이다. 특히 생후 1~2개월의 어린 아이가 찬 분유를 먹으면 체온이 떨어질 수 있으므로 주의해야 한다. 또한 감기나 호흡기질환에 걸렸거나 설사를 하는 아이에게 찬 분유는 독이다. 우유는 체온의 온도, 즉 모유 온도로 먹이는 것이 가장 좋다. 또한 분유를 생수나 보리차에 타 먹이는 분들이 있는데 세균 번식의 위험이 있으니 주의하자.

설사를 하면 모유를 끊어야 한다?

아니다! 모유는 설사를 하는 아이의 장에 부담을 주지 않는다. 단지 모유를 먹는 아이는 우유를 먹는 아이보다 변이 묽을 뿐이다. 설사를 많이 한다면 처음에는 조금씩 2~3분 동안만 먹이고 3~4시간 간격으로 쉬었다가 먹여보자. 그러나 이 방법을 사용해도 계속 설사가 심해진다면 의사와 상의를 해보는 것이 좋다.

설사할 때는 아이를 무조건 굶긴다?

아니다! 먹이면 설사를 한다는 이유로 아이에게 음식을 전혀 먹이지 않는 할머니들도 있다. 물만 먹여도 싼다는 생각에 아무것도 먹이지 않고 하루 정도 굶기는 분들이 있는데 잘못하다가 아이가 탈진할 수도 있으니 주의하자. 아이들은 음식을 먹을 때 식도가 움직이면서 장도 같이 움직이므로 장 속에 만들어진 설사가 밀려 나오게 된다. 어른은 훈련에 의해서 식도와 장이 따로 움직여 괜찮지만 아이는 아직 훈련되어 있지 않아 먹으면 바로 싸는 게 바로 이 때문이다. 그러므로 설사하는 아이에게는 쌀죽이라든지 설사용 특수 분유 등을 먹이는 것이 좋다. 따라서 아이들은 가능한 한, 먹이면서 치료하는 것이 굶기는 것보다 훨씬 낫다.

변비가 있을 때는 분유를 진하게 타서 먹여야 한다?

아니다! 아이에게 변비가 있을 때는 분유를 묽게 타주는 것이 좋다. 수분 보충을 위해서라도 분유에 물을 더 타 주어야 한다. 분유에 물을 늘리는 것 이외에도 따로 자주 물을 먹일 필요가 있다. 아이가 이유식을 먹는 시기라면 섬유질이 많이 포함된 음식이 좋다.

간혹 물을 많이 먹는 아이에게도 변비가 있을 수 있는데 먹는 음식의 양이 부족한 경우다. 이때는 소아과 의사에게 상담을 받아보고 분유를 좀 더 진하게 타서 먹일 수 있다. 따라서 분유를 진하게 타서 먹이는 것은 소아과 의사가 결정해주는 특별한 경우이고, 보통은 분유를 묽게 타서 먹인다는 것을 명심하자.

녹변을 보면 아이가 놀란 것이다?

아니다! 아이들은 흔히 녹변을 본다. 그러나 할머니들은 아이가 녹변을 보면 놀랐다고 생각하여 '기응환'이나 '청심환'을 찾아 먹인다. 그러나 녹변은 아이가 놀라서 생기는 것이 아니다. 녹변 그 자체는 문제가 없지만 그렇다고 모두 정상인 것도 아니다. 장염에 걸린 경우나 우유 알레르기가 있는 경우, 담즙이 증가하는 병에 걸린 경우, 색소가 들어간 음식을 먹은 경우 등 여러 가지 원인에 의해 녹변을 볼 수 있다. 그러나 계속 의심이 된다면 의사를 찾아 상담을 받아보는 것이 좋다.

할머니들, 아이를 어떻게 업으면 덜 힘들까?

오늘도 할머니들은 온종일 우는 손주를 업어서 달래느라 힘들다. 울음이 멈췄나 싶어 아이를 재우려 바닥에 눕혀놓고 보면 아이가 깨어나 그새를 못 참고 또 울곤 한다. 후들거리는 다리에 힘을 주어 다시 업으면 숨넘어가게 울던 아이가 그제서야 울음을 뚝 그친다. 온종일 그렇게 아이를 업고 어르고 달래며 겨우 재우고 나면 삭신이 다 쑤신다. 스킨십을 많이 하는 것이 아이 정서발달에도 좋다고 해서 힘들어도 꾹 참고 업어주고 싶은데 체력이 받쳐주질 않는다. 옛날에는 자식을 업은 포대기를 둘러메고 일도 잘했었는데 몸이 예전 같지 않다.

그렇다면 할머니들이 아이를 어떻게 업어야 덜 힘들까? 요즘 엄마들은 네 가지 도구를 이용해 허리와 어깨에 무리가 안 가는 선에서 손쉽게 아이를 업는다. 그 방법을 살펴보자.

아기 띠

아이를 세워서 업는 형태이기 때문에 할머니와 아이가 조금씩 불편할 수 있지만 착용방법이 어렵지 않아 편리하다. 세련된 디자인으로 외출할 때 돋보일 수 있지만 갓난아이에게 쓸 수 없다는 점이 단점이다.

포대기

이 방법은 목을 가눌 수 있는 생후 4개월 이후부터 사용 가능하다. 예로부터 전해 내려오는 방식이라 할머니들이 주로 선호하는데 엄마들은 아이 다리에 무리가 갈까 봐 망설여지기도 하는 것이 사실이다. 아이의 양다리가 할머니 허리를 감싸는데다 포대기를 묶는 끈이 아이 엉덩이와 허리를 이중으로 지나기 때문에 아이 다리 모양이 휘고 혈액순환이 잘 안 되지 않을까 걱정하는 것이다. 물론 엄마들이 걱정하는 것처럼 아침부터 저녁까지 아이를 계속 포대기에 업고 다닌다면 문제가 된다. 그러나 외출할 때 몇 시간 매는 정도는 괜찮다. 오히려 할머니와 아이가 밀착돼 있어 아이의 마음을 안정시키는 데 도움이 된다. 그러나 자칫하면 엉덩이로 무게중심이 쏠려 아이가 떨어질 위험이 있으므로 조심하자.

캐리어

캐리어는 할머니가 사용하기엔 무겁고 아빠들이 사용하기 편한 도구이다. 실제 캐리어 무게는 2.5~3kg으로 아이 몸무게까지 더해지면 최소 8kg의 무게가 나가서 할머니들이 감당하기 힘들다. 그리고 캐리어는 대부분 큰 편이라 키가 작은 할머니들이 불편할 수도 있고, 세탁하기도 난감하다. 아빠들조차 쉽게 피로해지는 것이 단점이다. 그러나 아이의 움직임이 제일 자유롭다. 오래 타고 있어도 아이가 불편함을 느끼지 않는다. 또한 등받이 쿠션과 허리 보호대가 부착돼 있어 아이 안전성 차원에서 좋다. 무엇보다 통풍이 된다는 것이 큰 장점이다. 무더운 여름에는 아이와 딱 달라붙는 아기 띠와 포대기, 슬링은 서로의 열과 땀, 답답함을 피할 방법이 없다. 그러나 캐리어는 장시간 외출하거나 산, 바다 등으로 여행을 갈 때 요긴하게 쓰인다. 또한 여행지에서 캐리어를 벗어 내려놓으면 그 자체로 훌륭한 의자도 되고 유모차 대용도 되니 일석이조다.

슬링

요즘 젊은 엄마들 사이에서 인기다. 돌 전에 사용 가능하며 눕히면 아이 얼굴이 할머니의 가슴을 향하도록 되어 있어 신생아들에게 안정감을 준다. 또한 부피가 작아 척추에 무리가 없고, 빨래하기에도 좋아 안성맞춤이다. 그뿐만 아니라 기저귀 가방 안에도 쏙 들어간다. 무엇보다 할머니는 양손을 자유롭게 사용할 수 있다. 그러나 할머니의 몸에 맞춰 조절해야 하므로 비교적 착용이 어렵다. 또한 눕는 것이 싫은 아이는 불편해할 수 있고 아이가 너무 어리면 질식 위험이 있어 주의해야 한다.

지금까지 여러 방법으로 업는 법을 알아보았다. 서로 장단점이 다 다르므로 이를 보완하기 위해서는 한두 가지 방법을 번갈아 사용하면 좋다. 예를 들어 집에서 집안일을 하거나 아이를 재울 때는 포대기를 주로 사용하고, 외출할 때는 아기 띠나 슬링을 사용하는 방법을 추천한다.

 실제 육아 적용

개월별 특징과 장난감 선택 요령

아이에게 있어 장난감은 단지 즐겁게 놀기 위한 도구가 아니다. 월령에 맞게 장난감을 선택해 주어야 아이는 장난감을 가지고 놀면서 자연스럽게 여러 가지 감각과 운동기능, 인지능력을 키울 수 있는 것이다. 따라서 아이의 성장에 맞춰 장난감을 선택하는 것은 매우 중요하다. 그렇다면 각 월령에 맞게 어떤 장난감을 선택하는 것이 좋을까?

0~3개월

오감 발달을 도와주는 장난감이 좋다. 이 월령대의 아이들은 주위 소리와 작은 진동에도 반응하기 때문에 할머니 목소리나 TV 소리 등 여러 가지 소리를 들려주는 것만으로도 훌륭한 자극이 된다. 이때 할머니가 고무, 헝겊, 플라스틱 등의 다양한 재질의 장난감을 이용해 손주와 놀아주면 좋다. 즉 장난감을 손으로 만지게도 하고 입으로 넣어 장난감 모양을 느끼게 해주면 아이의 촉각이 발달할 수 있다.

　　모빌은 처음에는 흑백 모빌을 보여주다가 5~6개월 정도 지나면 멜로디가 나오는 컬러 모빌로 바꿔주자. 특히나 이 시기의 아이들은 소리에 관심이 많으므로 딸랑이나 소리가 나는 인형 등이 좋다. 색은 선명한 원색이 좋고, 재질은 부드러운 것이 좋다. 단 아이 입에 들어가도 될 만큼 위생적이어야 한다.

4~9개월

자기 스스로 직접 보고 듣고 만지며 느끼는 장난감을 선호한다. 어디든 가보고 싶어 움직임이 많아지는 시기이다. 따라서 아이의 신체발달에 도움이 되는 놀이를 해주는 것이 도움이 된다. 거울 놀이나 공놀이, 움직이는 장난감과 소리 나는 악기 등이 좋다.

10~12개월

이것저것 만지고 온갖 장난감으로 집안을 어지럽히는 시기이다. 이때는 블록조립이나 과일 썰기 등 아이 근육 발달에 좋은 장난감을 준비해주면 좋다. 또한 이 시기에 아이는 인형과 자동차에 관심이 많다. 신체 부위도 구별할 수 있게 되어 할머니가 말하는 신체부위를 알아듣고 맞추는 활동을 할 수도 있다.

1세

간단한 도형 끼우기, 모양 맞추기 등을 할 수 있다. 그네나 흔들 말 등에 혼자 타서 놀 수도 있다. 책에 나와 있는 글자를 읽을 순 없지만 그림책 정도는 볼 수 있다.

2세

소꿉놀이, 자전거 타기, 피아노 놀이, 병원 놀이 등을 할 수 있다. 또한 스티커 책에 관심이 많으며 크레파스를 이용해 그림을 그리거나 색을 칠할 수 있다.

3세

짧은 시간이나마 집중할 수 있는 나이로 간단한 종이접기, 인형극 관람도 가능하다. 책이나 TV를 보고 따라 하기도 한다. 또한 이 시기의 아이들은 자꾸만 바깥에 나가고 싶어 한다. 그러므로 신체를 많이 쓰는 공 던지기 놀이를 하면 좋다.

4세

또래와 이야기를 나누며 같이 블록을 완성할 수 있는 나이다. 4살은 자아가 발전하는 나이이기 때문에 존재감을 알리기 위해 일부러 "싫어", "안 해" 등의 말을 한다. 또한 집중력도 높아지므로 구슬 꿰기같이 세밀한 활동도 가능하며 다양한 색을 사용하는 색칠공부도 할 수 있다.

5세

호기심이 많아 이것저것 시도해보는 나이다. 가족의 특징을 잘 잡아내서 그림을 그리기도 한다. 친구들과 잘 놀다가 싸우기도 하고 화해할 줄도 알게 된다. 네발 자전거도 곧잘 탈 수 있으며 할아버지, 할머니보다 동요나 가요 음악을 더 잘 외우기도 한다. 또한 어린이집 선생님이 지시한 사항을 기억해뒀다가 할아버지, 할머니에게 전달할 수 있다.

우리 손주 교육 문제

아이의 첫 '교육기관' 잘 고르기

언제까지나 할머니 옆에 아이를 끼고 살 수는 없다. 아이의 교육을 위해서, 또는 아이의 사회성을 위해서 어린이집이든 유치원이든 골라서 보내야 하는 시기가 온다. 왜냐하면 유아기는 인생의 밑거름을 형성하는 시기이기 때문이다. 이때 중요한 것은 '아이가 얼마나 잘 적응할 수 있느냐'다. 똑똑한 할머니는 이런 정보들도 발 빠르게 알아내서 딸이나 며느리에게 알려주어 선택할 수 있도록 유도한다. 자, 우리 손주를 어린이집과 유치원 중 어디를 보내면 좋을지 입소문에만 의지하지 말고 지금부터 똑똑하게 알아보자.

어린이집

'보육'을 목적으로 하는 교육기관인 만큼 보살핌이 필요한 0세부터 초등학교 입학 전 아이들이 대상이다.

유치원

'교육'을 목적으로 한 교육기관으로 국공립 유치원과 사립 유치원으로 나뉜다. 그러나 국공립 유치원이 정부에서 운영하는 만큼 믿음직스럽고 교사의 질 또한 우수해 더욱 인기가 좋은 편이다. 또한 사립과 비교했을 때 정부 지원을 더 많이 받을 수 있어 경제적 부담도 적다.

교육기관을 결정하기 전에 꼭 점검해봐야 할 것

첫 번째 '집과의 거리'이다. 집에서 가까운 곳에 보내야 아이를 데려다 주고 데려올 때 부담이 적다. 아무리 선생님이 좋고 입소문이 난 기관이라고 해도 가고 오는 데 스쿨버스를 20분 이상 타야 할 정도로 거리가 멀다면 다시 생각해봐야 한다. 막상 집과 멀리 떨어진 교육기관에 아이를 보내면 상의할 일이 있어도 좀처럼 발걸음이 안 떨어지기 때문이다. 그래서 가능하면 걸어

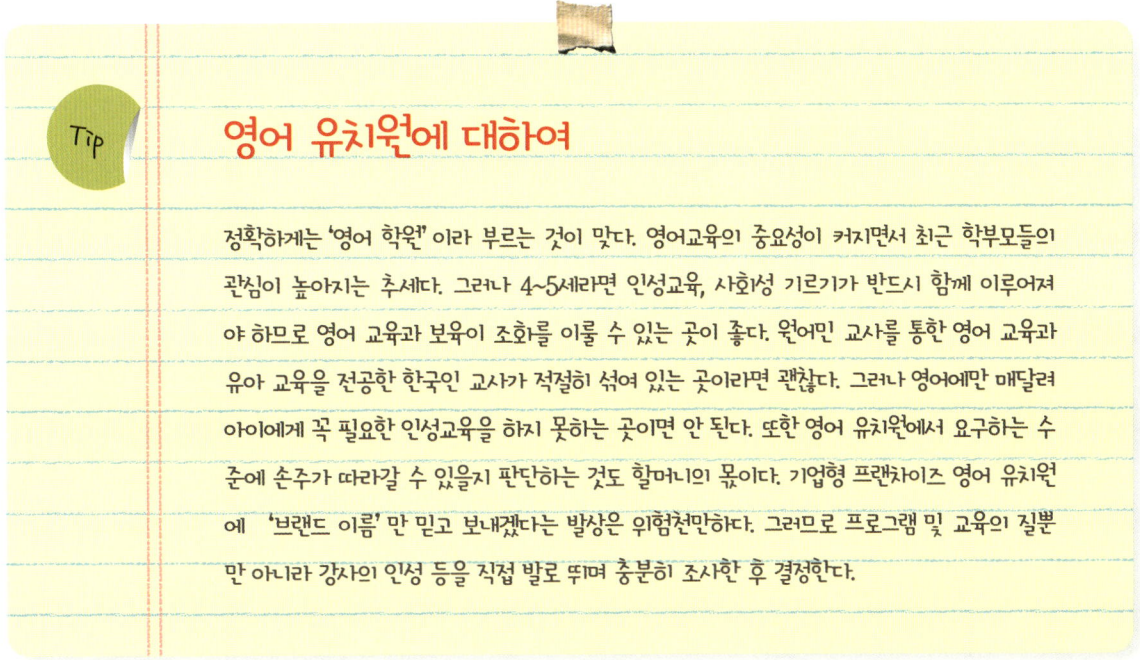

Tip 영어 유치원에 대하여

정확하게는 '영어 학원'이라 부르는 것이 맞다. 영어교육의 중요성이 커지면서 최근 학부모들의 관심이 높아지는 추세다. 그러나 4~5세라면 인성교육, 사회성 기르기가 반드시 함께 이루어져야 하므로 영어 교육과 보육이 조화를 이룰 수 있는 곳이 좋다. 원어민 교사를 통한 영어 교육과 유아 교육을 전공한 한국인 교사가 적절히 섞여 있는 곳이라면 괜찮다. 그러나 영어에만 매달려 아이에게 꼭 필요한 인성교육을 하지 못하는 곳이면 안 된다. 또한 영어 유치원에서 요구하는 수준에 손주가 따라갈 수 있을지 판단하는 것도 할머니의 몫이다. 기업형 프랜차이즈 영어 유치원에 '브랜드 이름'만 믿고 보내겠다는 발상은 위험천만하다. 그러므로 프로그램 및 교육의 질뿐만 아니라 강사의 인성 등을 직접 발로 뛰며 충분히 조사한 후 결정한다.

다닐 수 있을 정도의 거리가 제일 좋다.

또 하나는 원장과 교사의 교육관이다. 아이를 맡기기 위해서는 처음에 상담을 받게 되는데 원장과 교사가 어떤 인성의 사람들인지를 꼼꼼하게 살피자. 교사가 할머니를 대할 때 기본 예의를 갖추면서도 반 운영이나 업무처리를 소신껏 한다는 느낌이 드는 곳이 좋다. 더불어 교사의 선발기준도 엄격하면 좋다. 자질과 능력뿐만 아니라 책임감과 성실성까지 갖춘 교사들이라면 안심하고 맡길 수 있다.

마지막으로 시설이나 환경이다. 아이가 한창 뛰어놀 시기 인만큼 '실외 놀이터'가 잘 확보되었는지도 알아보자. 유치원 자체 앞마당이나 옥상에 실외 놀이시설을 갖춘 곳이 좋다. 아파트 단지에 있는 놀이터를 활용하는 유치원이라면 원에서 얼마나 가까운지 살핀다.

어린이집에 안 가려는 아이

"할머니, 나 오늘 어린이집에 안 갈래!" 아이가 아침마다 폭탄선언을 하면 할머니의 머릿속은 복잡해진다. 거기다가 아침부터 시끄럽게 온 동네 떠나가라 울기까지 하면 할머니는 마음이 약해지기 마련이다. '우리 손주가 싫다는데 보내지 말까?'라고 생각하기도 하고, 혹시 '우리 손주만 적응을 못 하는 게 아닐까?' 싶어 딸과 며느리에게 알려서 다른 어린이집으로 바꿔야 하나 걱정도 된다. 더 심해지면 '학교에 들어가서도 계속 그러면 어쩌나' 하며 전전긍긍하기도 한다.

그러나 아이가 어린이집에 가기 싫다는 표현은 같아도, 아이들마다 그 원인이 매우 다양하므로 우선 아이가 정말 문제가 있어서 가기 싫다고 하는 것인지, 단순한 핑계를 대는 것인지 아이의 숨겨진 마음을 읽기 위해 노력하는 것이 필요하다. 지금부터 원인을 알아보고 할머니가 어떻게 대처하면 좋을지 살펴보자.

할머니와 떨어지는 것 자체를 두려워하는 아이

할머니가 과잉보호를 한 경우 이런 분리불안을 더 심하게 느낀다. 과잉보호에 의한 분리불안은 "오늘 어린이집에서 뭐했니?", "대답은 잘했니?", "안 울었니?" 등의 자꾸 묻는 말 때문에 더 심해진다. 그러므로 할머니 자신도 매사에 '우리 손주가 알아서 잘하고 있을 거야.'라는 믿음을 가지고 있어야 한다. 그런 믿음을 아이에게 느끼게 해줄 때 아이도 할머니의 믿음만큼 해낼 수 있다.

성격 자체가 내성적이고 친구관계가 서툰 아이

이런 아이들은 의외로 처음에는 잘 다니는가 싶다가 한두 달이 지나면서 가기 싫다는 말이 나오기 시작한다. 이는 시간이 지나면서 원만히 지내는 아이들과 그렇지 못하는 아이들이 구분되기 시작하는데 스스로도 그걸 느끼면서 힘들어하기 때문이다. 어린이집은 아이가 처음 겪는 사회생활이자 또래들과 적응하는 집단이다. 이런 내성적인 아이들은 가정에서 형제자매나 두세 명의 친구들과 놀면서 미리 양보와 타협을 배웠어야 했는데 그렇지 못한 경우가 많다. 따라서 할머니는 또래 친구들과 어울릴 수 있는 놀이터 같은 곳에 자주 데려가고 그 속에서 친구들과 어울리게 하면서 웬만한 사회성을 기르게 해줘야 한다. 그러면 어느새 친해진 친구와 함께 어린이집에 가고 싶어서 아침마다 들떠 있는 아이를 보게 될 것이다.

할머니가 너무 만만한 아이

이런 아이들은 어린이집에 안 간다는 말로 아침마다 유세를 부리곤 한다. 막상 어린이집에 가서는 잘 지내는 편이지만 아침마다 괜한 핑계를 부리는 것이다. 이 경우는 아이가 "나 어린이집 안 갈래!"라고 말하면 화를 내거나 지나치게 걱정 어린 말을 하지 말고 "어, 그래." 정도로 대수롭지 않게 넘기는 게 좋다. 어린이집에 안 간다는 말로 할머니를 조정할 수 없다는 것을 보여줘야 한다.

구체적인 이유를 말하는 아이

정확하게 "급식이 싫어!", "체육 시간이 싫어!", "선생님이 무서워." 등의 구체적인 이유를 말하는 아이들은 괜한 핑계인지 정말 실제로 이유가 있는지 선생님과 이야기해보는 것이 좋다. 실제로 이유가 있다고 생각되면 원인을 바꿔보려고 노력하거나 어린이집을 옮기는 것도 생각해보자.

　어린이집에 가지 않으려 떼쓰는 아이를 대할 때 바람직한 할머니의 태도는 '친절하고 엄격한 것'이다. 과잉보호도, 무관심도, 우유부단도 아닌 원칙 있는 사랑이 필요하다. 그래야 할머니로부터 사랑받고 있음을 충분히 느끼면서도 의존적이지 않고 독립적인 아이로 크게 되는 것이다. 그러면 손주는 어린이집에서뿐만 아니라 앞으로 사회 생활하는 데 있어서도 훌륭하게 적응할 수 있을 것이다.

영양가 있는 TV 프로그램 선택법

아이들은 보고 듣게 되는 순간부터 셀 수 없이 많은 TV 프로그램에 무방비로 노출된다. 매일 리모컨 하나로 손쉽게 세상을 읽게 되는 것이다. 이때 할머니는 부모를 대신하여 아이가 보기에 적절한 TV 프로그램을 선택해줘야 할 의무와 책임이 있다.

TV가 바보상자라는 것은 옛말이다. 할머니들은 너무 옛날만 생각해 TV가 공부의 적이라고 생각하여 보지 못하게 하는 경우도 있는데 요즈음은 공부와 놀이가 결합한 프로그램이 많으므로 아이들 교육에도 도움이 된다. 그러므로 유아, 어린이 프로그램에서 공부와 놀이가 얼마나 적절하게 섞였는지가 TV 프로그램을 선택하는 가장 중요한 기준이 된다. 웃고 떠들며 노는 와중에 무언가 하나라도 얻게 하고 싶은 것이 모든 부모의 마음이 아닐까? 그래서 요즘 방송사들은 그 요구를 충실히 반영하여 프로그램을 만든다. 그러므로 TV도 잘만 활용한다면 득이 되는 것이다. 그렇다면 아이 교육에도 도움이 되고 가족 간의 유대관계도 돈독히 할 수 있는 영양가 있는 프로그램 선택은 어떻게 해야 할까?

다큐멘터리

자연이나 과학 등 특정 주제를 정해 선별해서 보여주는 것이 좋다. 이때 주의할 점은 약육강식이 확실한 동물의 세계보다는 비둘기, 나비 등과 같이 생활 속에서 직접 관찰할 수 있는 동물이나 식물이 나오는 자연 다큐멘터리가 좋다는 것이다. 특히 자연 다큐는 보면서 "저건 나비야.", "저건 비둘기야."하고 할머니가 설명도 해줄 수 있고 직접 밖에 데리고 나가 관찰도 할 수 있다는 장점이 있다.

애니메이션

할머니가 가상과 현실을 잘 구분할 수 있게 도와 주는 것이 좋다. 아이들은 TV에서 본 대로 쉽게 따라 하는 성향이 있으므로 특히나 신경 써서 보여줘야 한다. 아이들은 가상과 현실 세계를 구분하지 못해서 애니메이션에 나온 상황을 실제로 따라 할 수 있는 가능성이 충분하기 때문이다. 슈퍼맨처럼 날고 싶어 망토를 뒤집어쓰고 옥상으로 올라가 떨어진다든지, 지붕 위를 뛰어넘는 무모한 행동을 하고 싶은 충동이 생기기도 한다. 그러므로 애니메이션을 볼 때는 등장

> ### Tip 아이와 함께 TV를 볼 때 주의할 점
>
> **아이 혼자 보게 하지 않는다.**
> 유아 프로그램이라도 아이 혼자 보게 하는 것은 좋지 않다. 아이가 어떤 내용을 보는지 알아야 아이의 생각을 읽을 수 있기 때문이다. 그리고 혼자 보게 되면 프로그램에 너무 빠져들 수 있으므로 할머니와 같이 이야기를 나누면서 시청한다.
>
> **시청한 후에는 다양한 활동을 해본다.**
> 프로그램을 보고 기억에 남는 것을 그려본다든지, 어떤 부분이 재미있었고, 누가 등장했었고 생김새는 어떠했는지 적어본다든지, 주인공의 재미있는 행동을 따라 해본다든지 하는 시청 후 활동은 아이에게 도움이 된다.
>
> **폭력적이고 선정적인 프로그램은 피한다.**
> 아이에게만 보지 말라고 할 것이 아니라 폭력성이 있는 오락 프로그램이나 불륜 드라마 등은 할머니도 시청을 자제해야 한다. 의식 없이 이런 프로그램에 빠져들게 되면 아이의 정서에 좋지 않은 영향을 미칠 수 있다.
>
> **시청자 나이 제한에 너무 얽매이지 않는다.**
> 터무니없이 높은 연령층의 프로그램을 보는 것은 문제지만 유아와 어린이를 위한 프로그램의 테두리 안에서 나이제한의 약간의 일탈은 나쁘지 않다. 예를 들어 4세의 손주가 8세 이상의 어린이 프로그램을 보면서 반응을 보인다면 보여줘도 괜찮다.

인물처럼 행동했을 때 어떤 결과가 일어날 수 있는지 얘기해주는 것도 좋다.

요리 프로그램

소개된 재료를 알려주면서 맛을 보게 하면 좋다. 아이가 싫어하는 재료가 들어간 음식을 먹는 연예인을 보면서 **"우와. 저 사람은 호박을 저렇게 맛있게 먹네. 우리 손주도 한 입 먹어볼까?"** 하면서 먹여보자. 편식 습관을 고치는 계기가 될 것이다. 또한 프로그램에 소개된 요리를 같이 해 먹어보는 즐거움까지 더할 수 있다.

이처럼 모든 유아 프로그램은 할머니와 '같이' 보는 것이 좋다. 아이와 함께 프로그램을 보면서 어떤 장면에서 흥미를 느끼는지 알아두면 아이의 관심사나 발달 정도를 이해하는 데 도움이 된다. 또한 프로그램에서 봤던 캐릭터를 그려보거나 내용을 따라 해보는 등의 시청 후 활동은 아이의 교육과 정서 발달에 도움이 된다.

책은 어떻게 읽어줄까?

어휘력이 뛰어난 아이 뒤에는 그림책을 많이 읽어준 수다쟁이 학부모가 있기 마련이다. 그런 것은 교육열이 뛰어난 젊은 엄마들만 할 수 있는 것이라고 생각하는가? 천만에! 할머니들도 그림책 읽어주기로 아이의 언어 능력을 발달시켜줄 수 있다! 이미 할머니가 꾸준히 책을 읽어주어 영재가 되었다는 아이들도 속속들이 나오고 있는 추세다. 그렇다면 그들은 아이에게 동화책을 과연 어떻게 읽어주었을까? 그리고 과연 어떻게 읽어주는 것이 내 손주에게 도움이 될까?

할머니의 목소리로 직접 읽어주자

동화구연 테이프를 틀어놓거나 비디오를 틀어주는 것보다 직접 읽어주는 것이 훨씬 이롭다. 또한 할머니와 아이 사이에 따뜻한 사랑이 흐르고 정이 느껴질 수 있다.

끊어서 읽어주자

글을 읽지 못하는 아이가 집중할 수 있도록 단어와 단어 사이 문장과 문장 사이를 끊어서 읽어주는 것이 좋다. 그래야 집중할 수 있기 때문이다. 이때 목소리에 감정까지 실린다면 금상첨화다.

할머니 마음에 드는 책보다는 아이가 직접 고른 책을 읽어주자

어떤 할머니들은 손주들에게 여러 권을 읽히고 싶은 마음에 아이가 원하지도 않는 그림책을 억지로 읽어주는 경우가 있다. 하지만 그것보다는 아이가 좋아하는 책을 반복해서 읽어주는 편이 훨씬 더 효과적이다. '너무 여러 번 읽어주면 싫증나지 않을까?'라는 생각이 드는 분도 있을 것이다. 그러나 아이는 같은 책이라도 읽을 때마다 새로운 느낌을 받게 되므로 걱정할 필요 없다.

아이의 수준에 따라 호흡을 맞춰가며 읽어주자

아이는 아직 따라가지도 못했는데 할머니 혼자 일사천리로 빠르게 읽어나가면 곤란하다. 천천히 아이와 눈도 마주쳐가면서 아이의 진도에 맞춰 나간다는 기분으로 읽어주는 것이 좋다.

아이를 무릎에 앉혀서 읽어주자

아이는 책을 읽다가 갑자기 책 속에 나타나는 괴물을 보고 두려움을 느끼기도 하기 때문에 그림책은 낯선 물건이다. 이럴 때 할머니가 자신을 안고 있다는 것을 느낀다면 아이는 안심하게 된다.

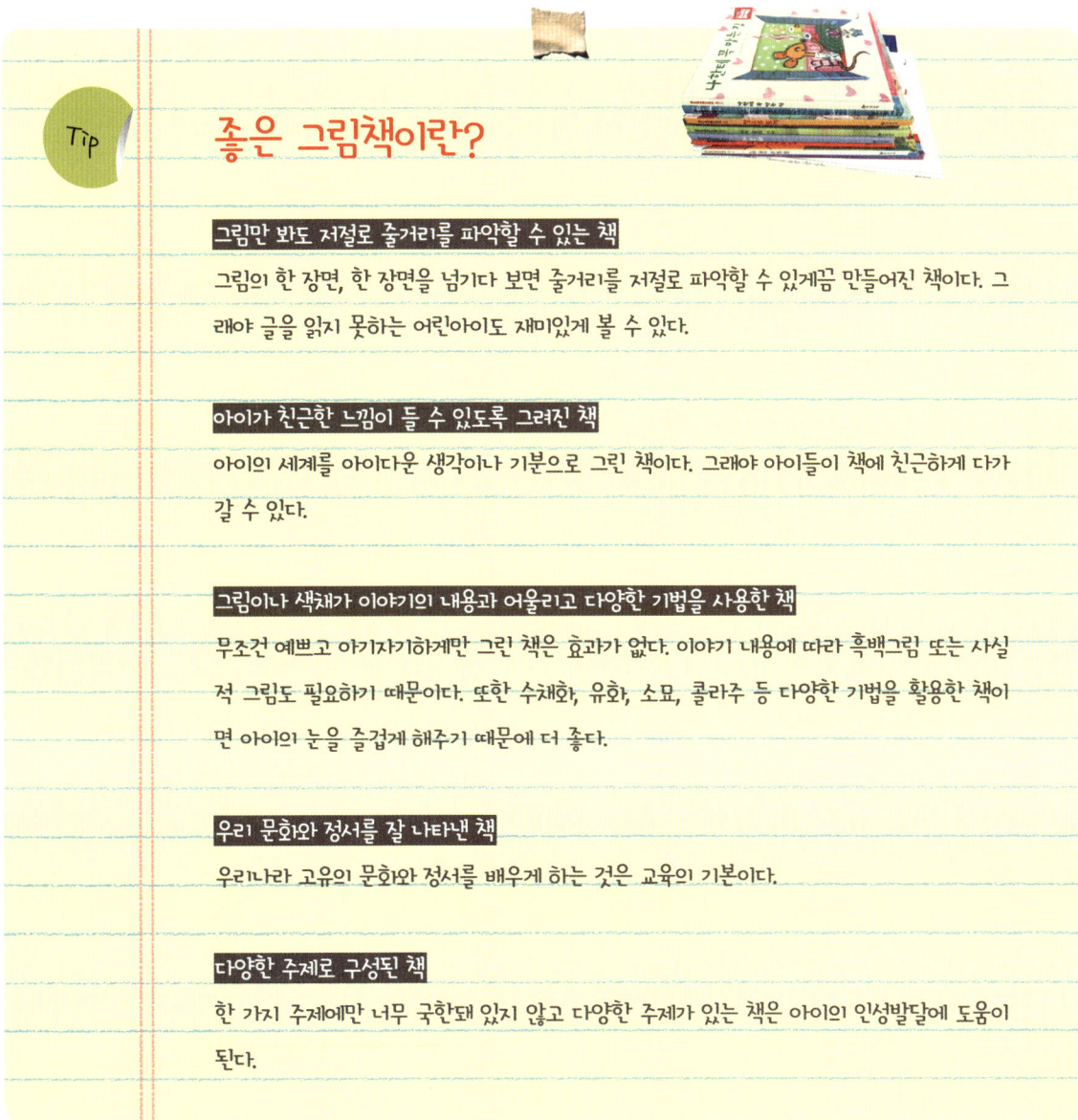

Tip 좋은 그림책이란?

그림만 봐도 저절로 줄거리를 파악할 수 있는 책
그림의 한 장면, 한 장면을 넘기다 보면 줄거리를 저절로 파악할 수 있게끔 만들어진 책이다. 그래야 글을 읽지 못하는 어린아이도 재미있게 볼 수 있다.

아이가 친근한 느낌이 들 수 있도록 그려진 책
아이의 세계를 아이다운 생각이나 기분으로 그린 책이다. 그래야 아이들이 책에 친근하게 다가갈 수 있다.

그림이나 색채가 이야기의 내용과 어울리고 다양한 기법을 사용한 책
무조건 예쁘고 아기자기하게만 그린 책은 효과가 없다. 이야기 내용에 따라 흑백그림 또는 사실적 그림도 필요하기 때문이다. 또한 수채화, 유화, 소묘, 콜라주 등 다양한 기법을 활용한 책이면 아이의 눈을 즐겁게 해주기 때문에 더 좋다.

우리 문화와 정서를 잘 나타낸 책
우리나라 고유의 문화와 정서를 배우게 하는 것은 교육의 기본이다.

다양한 주제로 구성된 책
한 가지 주제에만 너무 국한돼 있지 않고 다양한 주제가 있는 책은 아이의 인성발달에 도움이 된다.

우리 아이 목욕시키는 요령

보통 돌 전에 아이는 매일 목욕을 한다. 목욕은 아이 몸에 남아 있는 우유찌꺼기를 제거해주고 땀을 씻어 내리며 혈액순환을 도와 신진대사가 원활히 할 수 있게 돕는다. 또한 아이가 푹 잘 수 있게 해주므로 아이의 정서를 안정시키는 데도 효과적이다.

이미 자식을 키워본 할머니들은 아이를 목욕시키는 데 능숙하겠으나 다시 한 번 주의할 점을 점검해보자. 우유를 먹은 아이들은 30분~1시간 정도 시간이 흐른 뒤 목욕을 시작하는 것이 좋다. 이때 아이가 목욕 후 몸을 닦고 나서 옷을 바로 입을 수 있도록 속싸개 위에 배냇저고리와 기저귀를 미리 준비해둔다. 목욕 시간은 10~15분 사이가 좋지만 백일 이후의 아이들은 더 오래 해도 상관없다.

목욕을 시작하게 되면 배냇저고리의 소매만 벗겨서 아이 몸에 숄처럼 덮어주자. 이후 배냇저고리는 아이 몸에 비누칠을 할 때 벗기면 된다. 기저귀는 물 안에 들어갈 때 벗기자. 이때 아이의 입속을 거즈나 구강티슈로 가볍게 닦아주면 좋다. 그러면 양치질한 효과가 나면서 입안 우유찌꺼기들까지 제거된다. 아이 또한 상쾌함을 느낄 수 있다.

그다음 얼굴을 닦고 아이 머리를 부드럽게 마사지하듯 감겨준다. 이때 아이의 머리는 아직 덜 자라 말랑말랑하므로 세게 문지르지 않도록 주의한다. 아이를 물에 넣을 때는 심장에서 멀리 떨어져 있는 다리부터 천천히 욕조에 넣어준다. 그리고 비누를 발라 배냇저고리를 한쪽만 벗기고 살이 많이 접히는 목, 겨드랑이, 손가락 사이를 세심히 씻겨준다.

다 씻었으면 수건을 들고 아이 몸을 생식기, 다리, 발 순서로 닦으면 된다. 특히 접히는 부분에 고인 물기를 중점적으로 구석구석 닦는 것이 중요하다. 그리고는 속싸개와 배냇저고리,

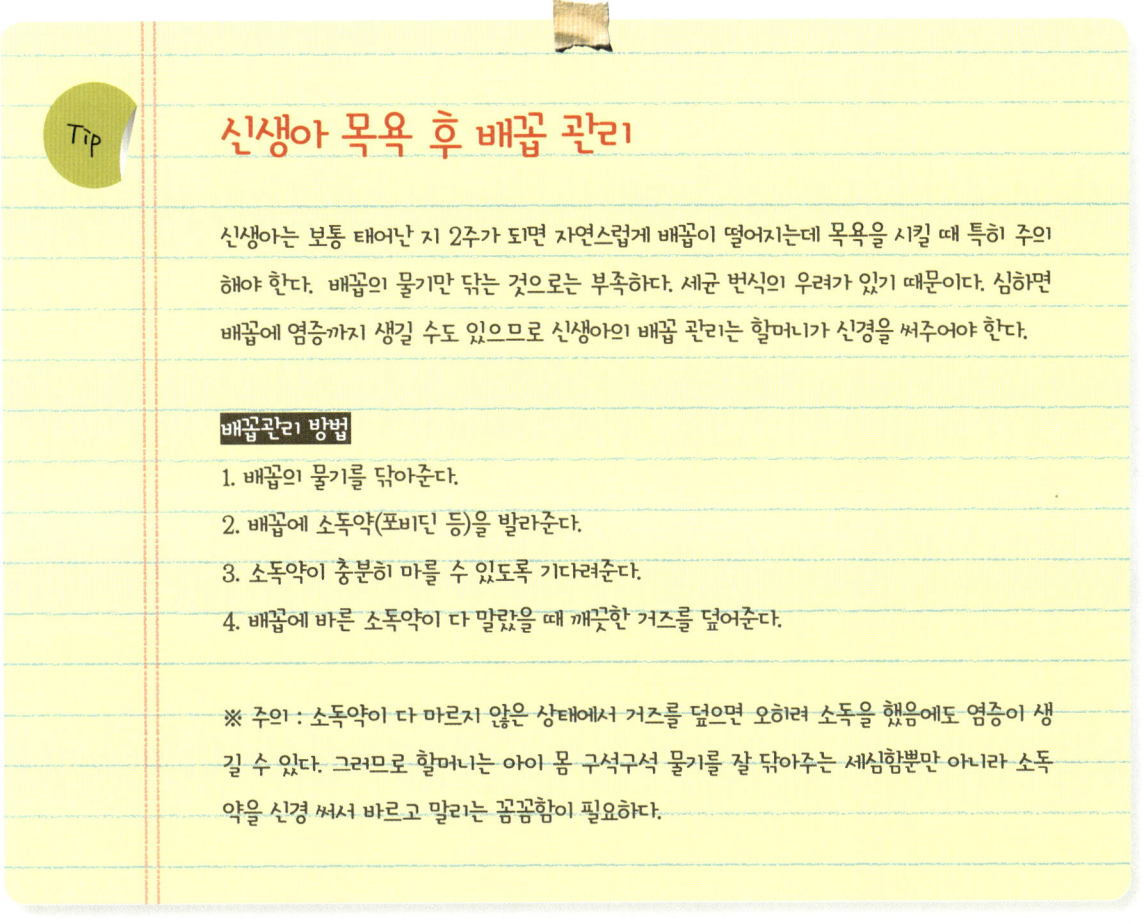

Tip 신생아 목욕 후 배꼽 관리

신생아는 보통 태어난 지 2주가 되면 자연스럽게 배꼽이 떨어지는데 목욕을 시킬 때 특히 주의해야 한다. 배꼽의 물기만 닦는 것으로는 부족하다. 세균 번식의 우려가 있기 때문이다. 심하면 배꼽에 염증까지 생길 수도 있으므로 신생아의 배꼽 관리는 할머니가 신경을 써주어야 한다.

배꼽관리 방법
1. 배꼽의 물기를 닦아준다.
2. 배꼽에 소독약(포비딘 등)을 발라준다.
3. 소독약이 충분히 마를 수 있도록 기다려준다.
4. 배꼽에 바른 소독약이 다 말랐을 때 깨끗한 거즈를 덮어준다.

※ 주의 : 소독약이 다 마르지 않은 상태에서 거즈를 덮으면 오히려 소독을 했음에도 염증이 생길 수 있다. 그러므로 할머니는 아이 몸 구석구석 물기를 잘 닦아주는 세심함뿐만 아니라 소독약을 신경 써서 바르고 말리는 꼼꼼함이 필요하다.

기저귀를 세팅한 곳에 아이를 눕히면 된다.

여기서 끝이 아니다. 목욕 후 아이의 몸에 수분을 보충해주는 작업들이 남아 있다. 아이 피부를 보송보송하게 해주는 '다이애퍼' 크림을 엉덩이부터 사타구니, 겨드랑이까지 꼼꼼히 발라 잘 두드려준다. 과거에는 '파우더'를 많이 사용했지만 요즘은 '다이애퍼' 크림을 많이 쓴다. '다이애퍼' 크림은 기저귀 발진, 태열, 아토피, 땀띠 치료제를 말한다. 그다음 오일과 로션을 1:1로 섞어서 마사지하듯 발라준다. 다리부터 배, 가슴, 팔, 얼굴 순서대로 부드럽게 발라주면 아이의 혈액순환에 도움이 된다. 그런 다음 기저귀, 배냇저고리, 속싸개를 순서대로 입혀주고 면봉으로 귀나 코 주변을 닦아주면 목욕 끝이다.

아이가 상처받지 않는 훈육

아이가 끊임없이 말썽을 피우거나 화가 날 만한 일을 반복하면 할머니는 스트레스를 받게 된다. 짜증스럽고 불만스러운 상태에서는 아이를 차분하게 타이르기가 쉽지 않다. 그러나 화가 난다고 소리를 지르거나 마구잡이로 때려서는 곤란하다. 아이가 상처받지 않도록 잘 타이르는 것도 중요한 육아 기술이다.

지시하거나 혼내기 전에 먼저 좋은 관계를 만든다
아이에게 어떤 것을 가르치려고 하기 전에 자주 시간을 보내고 놀아주는 것이 좋다. 혼내기 전에 먼저 아이와 마음을 열고 이야기를 나눠보자.

아이에게 애정을 보여준다
긍정적인 말과 밝은 표정을 하고, 적극적으로 아이의 이야기를 들어준다면 아이들은 자신이 소중한 존재라는 것을 스스로 느끼게 될 것이다. 이때 많이 쓰다듬어주고 안아주면 좋다.

아이에게 완벽을 바라지 말자

손주를 할머니가 원하는 사람으로 만들려는 욕심을 버려야 한다. 자신이 아무리 열심히 해도 할머니에게 끊임없이 잔소리를 듣는다면 금방 지치고 질리게 되는 것은 당연하다. 처음부터 너무 거창한 목표보다는 조금만 노력하면 도달할 수 있는 목표부터 세우고, 그것을 해내면 잘했다고 칭찬해주자.

아이의 장점을 찾고 장점에 초점을 맞춘다

인간은 누구나 최소한 한 가지씩의 재능을 가지고 있다. 아이가 잘못한 것만 지적하지 말고, 아이 스스로 자신이 잘하는 영역을 찾도록 도와주자. 공부했을 때만 칭찬하지 말고 운동을 했거나 착한 행동을 했을 때도 인정해준다.

80-20 규칙을 실천한다

20%의 잘못된 행동을 야단치기보다 80%의 착한 행동을 칭찬해주는 것이 좋다.

칭찬과 처벌의 균형을 맞춘다

한 번 야단치기 전에 다섯 번 칭찬해주자. 계속 야단을 맞는 아이는 잘못을 인정하기보다는 적개심만 가지게 된다. 그러나 잘 하는 행동을 칭찬해주면 아이는 마음에 여유가 생겨 잘못을 지적받았을 때도 인정하기 쉽다.

아이를 형제나 다른 아이와 비교하지 않는다

아이의 부족한 점을 다른 사람과 비교하는 것은 아이의 기만 죽이고 의욕까지 떨어뜨리는 일이다. 모든 사람이 다 같을 순 없으므로 다른 사람과 비교하기보다는 스스로 최선을 다하도록 격려하는 것이 좋다.

아이 스스로 옳은 결정을 하도록 도와준다

아이가 해결하지 못하는 문제가 있을 때 당장은 손주가 안타까워 할머니가 다 해주고 싶을 것이다. 그러면 당장은 속이 시원하고 아이도 빨리 만족한다. 그러나 계속 할머니의 도움이 반복된다면 아이는 의존적인 성격이 되기 쉽다. 따라서 어려운 일을 스스로 해낼 수 있는 능력을 키워주어야 한다. 이를 위해서는 다양하게 생각하고 결과를 미리 생각해보는 방법을 가르치면 좋다.

실수를 혼내기보다는 똑같은 실수를 또 하지 않도록 가르친다

비난과 지적을 구분할 줄 아는 똑똑한 할머니가 되어야 한다. 잘못했을 때 "넌 이것도 못하니?" 하고 비난하는 것은 빵점짜리 할머니다. 잘못은 누구나 저지르는 것이므로 교육적인 지적을 통해 오히려 실수로부터 많은 것을 배우게 하는 것이 좋다.

스스로 긍정적인 메시지를 보내도록 돕는다

아이가 정서적으로 안정되기 위해서는 다른 사람들로부터의 인정이나 사랑도 필요하지만 스스로 만족하는 것도 필요하다. 잘했을 때에는 "내가 해냈어", "난 할 수 있어" 등 스스로 칭찬하는 방법을 가르쳐보자. 아이의 자존감이 한껏 높아질 것이다.

아이의 성격을 좌우하는 할머니의 양육 태도

사람들은 아이를 어떻게 해야 똑똑하고 건강하게 키울수 있는지, 또 그렇게 위해선 무엇을 해주어야 하는지 많은 고민을 한다. 젊은 딸이나 며느리는 값비싼 장난감, 좋은 옷, 유기농 먹을거리 등에 큰돈을 쓰는 것이 최고라고 생각한다. 물론 이러한 것들도 아이에게 필요하다. 그러나 과연 큰돈을 들여서 아이를 키운다고 우리 손주가 정서적으로도 건강하게 잘 자라고 있다고 안심할 수 있을까? 아무리 큰돈을 들인다 해도 바뀌지 않는 것이 아이의 정서다. 안정된 정서는 '안정된 애착'에서 비롯되는데 비용으로는 계산할 수도 없을 정도로 아이에게 반드시 필요하다.

'애착'은 할머니의 양육 태도에 따라 달라진다. '애착'이란 영아기에 나타나는 가장 중요한 사회적 발달로 아이와 주양육자(할머니) 사이에 만들어지는 친밀한 정서적 유대감을 말한다. 이때 만들어진 애착은 성장하고 나서도 아이의 학습, 과제수행능력, 사회정서 발달에 큰 영향을 미친다. '안정 애착'이 잘 형성된 아이는 자신감, 긍정적 호기심, 안정감, 긍정적인 성격을 가질 수 있다. 그러므로 할머니의 관심이 중요하다. 애착의 유형은 크게 4가지로 나뉘는데 우리 손주는 어떤 유형인지 알아보자.

안정 애착

이 유형은 할머니와 놀 때 밀접한 관계를 유지하다가도 할머니에게서 쉽게 떨어질 수 있다. 할머니와 분리될 때에도 스스로 위안을 찾으며 잘 있다가 할머니가 돌아오면 반갑게 맞이하고 바로 즐거워진다.

회피 애착

이 유형은 '불안정 애착'이라고도 불린다. 할머니에게 별로 반응을 보이지 않고 할머니가 눈앞에 없어도 울지도 찾지도 않는 증상을 보인다. 그러다가 할머니가 돌아오면 무시하거나 피한다.

저항 애착

할머니 옆에 딱 달라붙어서 다른 것엔 관심도 없는 타입이다. 그러다가 할머니가 보이지 않으면 심한 불안을 보이며 운다. 할머니가 돌아와도 다가가지 않고 계속 운다. 안아주어도 안정감을 얻지 못하고 떼를 쓰듯 울거나 밀어낸다.

혼란 애착

불안정한 애착의 가장 심각한 형태이다. 아이가 할머니를 보고도 웃거나 다가오지 않는다. 할머니가 안아줘도 먼 곳만 보거나 얼어붙은 듯 굳은 표정만 짓는다. 혹은 할머니가 안아줘도 강한 저항을 한다.

따라서 할머니들은 '안정 애착'을 만들어주기 위해서 노력해야 한다. 그렇다면 어떻게 하면 안정 애착을 만들 수 있을까? 우선 따뜻한 손길로 아이를 자주 쓰다듬어주며 사랑한다는 표현을 자주 해주는 것이 좋다. 이때 신체적 접촉을 같이 하면 금상첨화다. 예를 들어 볼 부비기, 머리 쓰다듬기, 안아주기, 손잡기 등을 해주면 아이들은 안정감을 느끼며 사랑 받는다는 느낌을 받는다. 또한 아이의 칭얼거림에 빠르고 민감하게 대응하는 것도 필요하다. 아이가 할머니에게 무언가 요구하는 칭얼거림을 보내면 망설이지 말고 원하는 대로 즉시 해주는 것이 좋다. 예를 들어 우유나 물을 준다든지 안아주거나 놀아주고, 기저귀도 빨리 갈아주면 좋다. 그러면 아이는 할머니에 대한 신뢰감을 형성하게 된다. 반대로 할머니가 피곤하다는 이유로 아이의 울음을 무시하면 아이는 할머니에 대한 불신감을 키우게 된다.

긍정적이고 따뜻한 말 또한 안정 애착을 만드는 데 많은 도움이 된다. 아이가 어려서 할머니가 하는 말을 못 알아들을 것으로 생각하면 오산이다. 아무리 작은 소리라도 알아듣고 자신이 어떤 존재인지 느끼기 마련이다. 그러므로 아이에게 힘이 되는 말, 칭찬하는 말, 사랑한다는 말을 많이 해주자.

그러나 무엇보다 가장 중요한 것은 '일관성 있는 양육'이다. 할머니도 사람이다 보니 기분이 좋을 때는 아이에게 잘 해주고 잘 반응해주지만 기분이 좋지 않거나 힘들 땐 아이의 반응을 무시하거나 이중적인 모습을 보이게 된다. 그러면 그동안의 노력이 아무 소용이 없다. 물론 쉬운 일은 아니지만 아이에게 한결같은 모습을 보여주어야 아이가 안심하고 할머니와 친밀한 관계를 맺을 수 있다.

음악으로 아이 안정시키기

음악을 통해 아이는 아름답고 안정된 정서를 가꾸어 나갈 수 있다. 신생아시기에 중요한 것은 할머니와 주고받는 상호작용의 경험이다. 아이는 할머니의 말과 몸짓, 그리고 표정에 반응을 보이면서 외부세계와 접촉하는 방법을 배워나간다. 이때 음악이 아이의 정서에 더없이 좋은 안정제이다. 그러면 어떤 방법으로 음악을 틀어주어야 할까?

 레코드나 테이프를 들려주는 것보다 할머니가 직접 노래를 불러주는 것이 훨씬 효과적이다. 노래를 부르는 것이 쑥스럽다면 여러 가지 동물 소리라도 흉내 내주는 것이 아이에게 좋은 자극이 된다. 음악을 들려줄 때는 할머니도 손주와 같이 듣는 것이 좋다.

 자, 어떤 곡을 선택해야 할지 고민되는 할머니들이 많을 것이다. 그러나 할머니가 듣기에 좋은 곡이면 아이에게도 좋다는 점을 명심하자. 보통 클래식을 많이 선호한다. 그중에서도 따뜻한 느낌에 단순한 멜로디가 반복되는 곡이 좋다. 아름다운 멜로디는 아이의 우뇌를 자극해 온화한 성격을 만들며 정서를 안정시키고 직관력과 감성을 키워준다. 태교할 때 들었던 음악을 틀어줘도 좋다. 아이가 엄마 뱃속에서 들었던 소리를 들으면 편안함을 느낄 수 있다.

0~12개월

차분하면서도 밝고 명랑한 음악을 들려주어 마음의 안정을 줄 수 있도록 하자. 생후 3개월 이내의 아이라면 피아노 선율이 들어간 클래식이 좋다. 클래식은 라디오에서도 많이 나오니 참고하자. 동요는 4개월 이후부터 들려주면 된다. 클래식만 듣다가 사람 목소리가 나오는 동요를 들려주면 호기심을 느껴 집중할 수 있기 때문이다. 단, 산만하지 않은 단순한 리듬의 동요를 선택하자.

13~24개월

간단하게 악기 연주를 할 수 있고 박자에 맞춰 손뼉을 치기 좋은 다장조의 곡을 틀어주면 좋다. 신체나 물체의 움직임 등을 표현한 곡이 아이의 호기심을 자극하면서 표현력도 길러주기 때문이다. 리듬감이 있으면서도 다양한 악기를 사용한 클래식 음악은 아이의 음감 발달에 도움이 된다.

※ 추천 동요 : 〈사과 같은 내 얼굴〉, 〈다섯 손가락〉, 〈통통통〉, 〈그러면 안 돼〉 등

25~36개월

정서가 급격히 발달하는 시기로 감정 기복이 클 수 있으므로 정서적으로 안정감을 주는 밝고 차분한 음악이 좋다. 동요는 간단한 리듬에 맞춰 몸을 들썩일 수 있는 신나는 곡이 좋다. 노래가 반복적인 언어로 이루어져 있다면 아이의 언어 발달에 좋다.

※ 추천 동요 : 〈산중호걸〉, 〈똑같아요〉, 〈솜사탕〉, 〈코스모스〉, 〈숲 속의 합창〉 등

속설!
이제 이것만은 제대로 알고 가자

아기를 키우면서 주위에서 듣는 속설들은 참으로 많다. 하지만 그것들이 맞는지 확인하기는 좀처럼 쉽지 않다. 평소 자주 들어온 속설들을 모아 진실여부를 알아보자.

신생아들은 속싸개를 꼭 해주어야 한다?

그렇다! 신생아들은 안락하고 포근한 엄마의 자궁에서 나온지 얼마 되지 않았기 때문에 바깥 세상의 모든 것이 낯설다. 그러므로 갑자기 두 팔을 다 펴게 되면 깜짝 놀랄 수 있다. 놀라면 손톱으로 자기 얼굴을 긁을 수도 있기 때문에 될 수 있으면 속싸개로 온몸을 싸주면 좋다.

얼려둔 초유는 한참 지난 후에 먹여도 효과는 같다?

아니다! 초유는 출산 후 4일밖에 나오지 않는다. 그러므로 갓 나온 초유는 신생아들에게 안성맞춤이다. 또한 잔병치레가 많은 아이들의 면역력을 지켜주기 때문에 제때 먹이는 것이 좋다. 이때 아이가 먹지 않는다고 냉동실에 얼려두고 한 달, 두 달 뒤에 중탕해서 먹이는 할머니들이 있는데 초유만이 가지는 고유한 효과를 떨어뜨릴 수 있으니 조심하자.

돌 전에 아이 목욕은 비누칠이 필요 없다?
아니다! 면역력이 약하고 땀도 많고 우유도 자주 흘리는 아이에게 물로만 목욕을 시키는 것은 효과가 없다. 그러므로 신생아용 저자극 바쓰나 비누를 사용하는 것이 바람직하다. 현재 많은 병원이나 산후조리원, 그리고 신생아실도 이를 사용하고 있다.

아이의 두상을 예쁘게 만들어주려면 고개를 자주 움직여주는 것이 좋다?
아니다! 머리를 한쪽으로만 두는 것이 좋지 않다는 것은 많이 알려진 사실이다. 사실 두상 양쪽을 번갈아가며 재워주는 것이 혈액순환이 되고 두상이 한쪽으로 찌그러지는 것도 막을 수 있다. 그러나 두상 모양은 대부분 유전이므로 시간이 지나면 다시 돌아올 가능성이 크다.

땀띠나 태열이 있는 아이에게 파우더를 발라주면 효과가 있다?
아니다! 베이비파우더 가루는 아이의 몸속으로 들어갔을 때 흡수가 잘 되지 않기 때문에 좋지 않다. 그뿐만 아니라 땀구멍을 막고, 피부 진정 효과도 없다. 그러므로 요즘에는 크림타입의 '다이애퍼'를 사용해 땀띠와 태열뿐만 아니라 기저귀 발진 등을 치료한다.

머리숱이 없는 아이들은 배냇머리를 밀어주면 숱이 많아진다?
아니다! 머리숱은 모근의 수에 따라 결정된다. 따라서 부모가 어릴 적 머리숱이 많지 않았다면 아이 또한 많지 않을 가능성이 크다. 또한 배냇머리를 밀면 이전보다 더 짧고 두꺼운 새 머리카락이 나기 때문에 숱이 많아 보인다고 착각하는 것이다.

엎드려 재우면 심장이 튼튼해진다?

'심장이 튼튼해진다', '장이 좋아진다', '덜 놀랜다' 등의 여러 이유로 아기를 엎드려 재우는 분들이 많다. 그러나 이는 근거가 희박한 주장일뿐더러 아이들에게 좋지도 않다. 특히 6개월 이전의 아기는 '영아 돌발 사망 증후군'의 위험이 매우 높아지므로 주의해야 한다. 너무 자주 토하는 경우가 아니라면 바로 재우는 것을 권장한다.

아이들의 뼈는 물러서 만지는 대로 모양을 만들 수 있다?

코를 높이고 쌍꺼풀을 생기게 해주고 싶어 일부러 얼굴을 자주 만져주는 할머니들이 많다. 그러나 아이 얼굴을 누르다가 자칫 속에 있는 뼈가 어긋날 수도 있다. 특히 코에 집게를 집어주는 것은 성장기 아이들에게 매우 위험한 행동이다.

여자 아이는 젖을 짜주어야 한다?

여자아이는 성인이 되어서 젖이 잘 나오게 한다는 이유로 할머니들이 젖을 짜는 경우가 많다. 그러나 짜낼 때 세균에 감염되어 염증이 발생하기도 하므로 주의해야 한다. 이후에 염증 치료가 잘되었다 할지라도 유두나 유선에 흉터를 남기고 유두가 뒤틀리는 손상을 가져올 수 있기도 하므로 조심하자.

같이 해보세요 개월별 이유식 만들기

초기 4~6개월 이후 단호박 미음

재료 불린 쌀 10g, 단호박 5g, 생수 150mL

방법
1. 단호박은 미리 껍질을 벗긴다.
2. 껍질을 깐 단호박을 쪄서 잘 으깨어 놓는다.
3. 불린 쌀은 믹서기에 잘 갈아준다.
4. 냄비에 불린 쌀을 약한 불에 살살 볶다가 2와 생수를 붓고 눌러 붙지 않도록 잘 저어주면서 끓여주면 완성!

단호박의 효능
피로회복에 좋고, 섬유질과 수분이 풍부해 변비 예방 효과가 있다.

중기 7개월 이후 소고기 채소 이유식

재료 불린 쌀 10g, 다진 소고기 5g, 청경채 조금, 당근 조금, 생수 150mL

방법
1. 다진 소고기는 미리 찬물에서 핏기를 없앤다.
2. 야채는 미리 손질하고 깨끗이 닦아 작게 잘라놓는다.
3. 핏기를 없앤 다진 소고기를 끓는 물에 넣고 살짝 익힌 후 불린 쌀과 함께 섞는다.
4. 냄비에 불린 쌀과 소고기를 넣고 약한 불에서 살살 볶다가 2와 생수를 붓고 눌러 붙지 않도록 잘 저어주면서 끓여주면 완성!

소고기 효능
지방산과 칼슘, 유황, 인, 철 등이 들어 있어 근육과 뼈의 발달을 도와준다. 아토피가 있는 아이도 안심하고 먹을 수 있다.

청경채의 효능
청경채에는 비타민 A와 C가 풍부하고 칼슘과 칼륨이 풍부하다.

당근의 효능
시력을 올려주어 야맹증 예방에 좋으며 변비해소 효과가 있다.

실제 육아 적용

후기 9~11개월 대구와 시금치 이유식

재료 불린 쌀 30g, 대구 7g, 시금치 7g, 당근 5g, 양파 3g, 참기름 조금

방법
1. 대구는 가시를 다 빼내고 살짝 데친 다음 잘게 자른다.
2. 시금치는 끓는 물에 살짝 데친 다음 당근, 양파와 함께 잘게 자른다.
3. 냄비에 불린 쌀을 놓고 참기름과 함께 약한 불에서 살살 볶다가 1, 2와 생수를 붓고 눌러 붙지 않도록 잘 저어주면서 끓여주면 완성!

시금치의 효능
비타민 A, B, C와 철, 인, 마그네슘, 칼슘과 철분이 많다.

대구의 효능
단백질과 아미노산이 풍부하다. 담백하면서 비린 맛이 없어 아이도 좋아한다.

완료기 12개월 이후 치킨 완자

재료 치킨 40g, 양배추 30g, 밀가루 조금

방법
1. 치킨과 양배추를 아주 잘게 자른다.
2. 1에 밀가루를 뿌려가면서 버무려준다. 뻑뻑하면 물을 조금 넣어도 된다. 그러나 후추나 소금으로 따로 간을 하지 않는다.
3. 잘 달궈진 프라이팬에 2를 얇게 펴 가며 구워주면 완성!

Tip
이 시기엔 일반적으로 어른들이 먹는 밥과 반찬을 조금씩 떠먹여 보자. 그러나 자극적인 양념, 소스 등은 피해 주는 것이 좋다.

마사지는 아이에게 있어서 사랑을 느끼게 해주는 매개체이자

스킨십을 통해 엔도르핀을 분비시켜주는 최고의 선물이라고 할 수 있다.

4장

할머니가 해도 문제없는 베이비 마사지

할머니 손은 약손

생후 7개월 된 지후 엄마예요. 우리 지후는 예민해서 그런지 낮과 밤이 뒤바뀐 것처럼 밤에 잠을 잘 못 잤어요. 또 재우려고 하면 어찌나 심하게 칭얼거리는지 엄마인 저조차도 가끔 지칠 때가 있죠. 초보 엄마인 저는 아이가 심하게 울 때마다 어쩔 줄을 몰라 뜬눈으로 밤을 지새우는 날이 많았어요. 그러다가 제 육아 휴직이 끝나 시어머니가 아이를 맡아 길러주시기 시작하면서 신기하게도 지후는 점차 안정을 찾기 시작했죠.

그날도 여느 날처럼 퇴근 후 아이를 찾으러 갔어요. 그런데 어머님께서 지후를 바닥에 눕힌 채 무얼 하고 계시는 모습을 보게 되었어요. 자세히 보니 어머니의 부드러운 손길로 아이에게 마사지를 해주고 있더라고요. 어머님이 노래를 주문처럼 흥얼거리며 배를 시계방향으로 살살 문지르기 시작하니 지후가 방귀까지 뀌면서 좋아하더라고요. 그걸 보면서 우리 지후가 변비가 좀 있었는데 '혹시 마사지 덕분에 좋아진 것은 아닐까?' 하는 생각이 들었어요. 제 앞에서 그렇게 동네가 떠나가라 울던 지후는 할머니의 정성어린 손길을 받으며 행복하게 잠이 들어 있었어요.

차분하게 잠든 지후를 보니 제 어릴 적 생각이 나더라고요. 저녁을 배불리 먹고 갑자기 배가 아플 때면 으레 할머니 무릎에 누워 마사지를 받고는 했죠. 할머니는 아파 보채는 손녀를 눕히고 "할머니 손이 약손이여." 하시며 고목나무 껍질 같은 투박한 손으로 한참 동안 배를 쓰다듬어 주셨거든요. 배에서 서서히 퍼지는 할머니의 온기를 느끼다가 스르르 잠이 들곤 했었는데…… 그러면 아팠던 배는 언제 그랬나 쉽게 멀쩡해졌죠. 지금 생각해보면 그때의 할머니의 손길은 손녀에 대한 애틋한 사랑과 정이 배어 있었던 것 같아요.

　손녀의 마음까지 쓰다듬어주는 할머니의 따뜻한 손……. 그 진심 어린 마음이 담긴 '정성과 사랑'을 세월이 흐르면서 점점 잊어가고 있었던 것이 아닐까 생각했어요. 인터넷으로 최신 육아 정보 검색에만 혈안이 되어 아이가 왜 잠을 못 자고 울고 있는지 마음을 헤아리지도 못한 채 보냈던 지난날들을 후회했어요.

　어머님께 물어보니 아침에도 10분씩 꾸준히 다리를 쭉쭉 늘려주는 마사지를 해준다고 하더라고요. 그러면 밤새 움직임이 없던 아이의 온몸에 피가 돌면서 아이가 기분 좋게 깨어날 수 있다고 덧붙이면서 말이죠. 또한 목욕 후와 기저귀 갈 때 틈틈이 다리 마사지도 해주시고요. 마사지와 더불어 까꿍 놀이도 하고 소리 나는 인형에 맞춰 노래도 부르면 아이도 지루하지 않고 자신도 재미있다며 말씀하셨어요. 그 모습을 보니 어느새 저의 입가에도 미소가 번지더라고요.

　어쩐지 요즘 들어 아이가 먹는 것마다 소화를 잘 시키고 키도 쑥쑥 자라는 것 같아요. 그뿐만 아니라 혈액순환이 잘 되어 잠투정도 훨씬 줄었어요. 정말 할머니 손은 약손인가 봅니다. 시어머님께 정말 감사할 따름이에요.

베이비 마사지란?

베이비 마사지의 유래

베이비 마사지는 전 세계적으로 유명한 프랑스의 프레드릭 르봐이예 의사의 인도 여행에서 유래된 것이다. 박사는 가난한 도시 '필카나'에서 우연히 '샹딸라'라는 여인에게 마사지를 받는 아이들을 보게 되었다. 가난한 나라, 인도의 엄마들은 아이에게 좋은 백신도, 영양제도, 음식도 제대로 줄 수 없었기 때문에 마사지만이 엄마가 아이에게 해줄 수 있는 가장 큰 선물이었던 것이다. 박사는 여인에게 아주 오래전부터 전해져 내려온 인도풍습의 일종인 유아 마사지법을 전수받게 되었다. 그리하여 여행에서 돌아온 박사는 평화적인 출산방법과 함께 인도식 베이비 마사지를 전 세계에 널리 알리게 되었다.

　마사지는 아이에게 있어서 사랑을 느끼게 해주는 매개체이자 스킨십을 통해 엔도르핀을 분비시켜주는 최고의 선물이라고 할 수 있다. 성장판을 자극시켜 신체적으로 발달되고 정서적으로도 안정되는 두 마리 토끼를 잡을 수 있으니 일석이조다.

먼저 정서적으로는 할머니와 아이의 유대관계가 돈독해진다. 부드러운 손길로 아이와 눈길을 맞추며 마사지해주다 보면 아이도 할머니를 더욱 따르게 되고 할머니도 손주에 대한 사랑이 더욱 깊어진다. 이렇게 서로가 감정이 교류되면서 둘 사이에 신뢰가 자연스럽게 쌓이게 된다. 이때 손주는 정서적인 안정감까지 얻을 수 있다.

육체적으로는 아이 몸에 뭉쳐 있던 근육이 풀리면서 긴장도 풀어져 저절로 편안해진다. 또한 아이의 몸 이곳저곳을 만져주면 노폐물이 빠져나가는 효과도 있기 때문에 면역 기능 또한 좋아진다. 다리를 쭉쭉 펴주거나 팔을 만져주면 아이 성장에도 도움이 되고 소화 기관이 튼튼해진다. 그뿐만 아니라 얼굴 마사지를 해주면 피부의 탄력이 오르고 탱탱해져서 예쁜 얼굴형

Tip 마사지 주의사항

손은 항상 깨끗하게 씻고 시작한다.
식후 30분~1시간 후 실시한다.
통풍을 차단한다.
반지, 팔찌 등 액세서리를 착용하지 않는다.
예방접종 후 48시간이 지나서 실시한다.
(염증이 생길 수 있으므로 만약 해주고 싶은 경우 주사 맞은 부위를 빼고 실시한다.)
온도를 따뜻하게 유지해준다.
건조하지 않도록 한다.
열이 있을 때는 실시하지 않는다.
사랑과 애정을 전할 수 있게 눈을 마주치며 실시한다.

도 만들 수 있다. 이전보다 한층 움직임이 유연하고 부드러워져 아이가 민첩해질 수 있다. 마지막으로 마사지를 해주면 잠이 빨리 오게 돕는 호르몬인 '멜라토닌'이 생성돼서 아이가 편안하게 잠을 잘 수 있다.

마사지는 언제 해줘야 할까?

마사지는 아이의 기분이 좋을 때 해주는 것이 좋을까? 정답은 '아니다.' 이다. 많은 책이나 동영상에서 마사지는 아이의 컨디션이 좋을 때 해주라고 권하지만 사실 이것은 틀렸다. 왜냐하면 기분이 좋을 때 아이들은 대부분 마사지를 받기 어려운 상황이다. 놀고 싶은 것도, 만지고 싶은 것도 많은 아이들은 몸을 뒤집어서 여기저기 기어가 보고, 장난감도 입에 가져가기 바쁘다. 성장기에 있는 아이에게 "몸에 좋으니 가만히 있어. 할머니가 기분 좋게 해줄게."라고 한다 하여 가만히 있을까? 이렇게 되면 아이들에게 마사지는 귀찮은 것으로 인식할 수 있다.

그렇다면 언제 마사지를 해줘야 할까? 아이가 마사지를 제일 행복하게 받아들이는 시간은 취침 전후이다. 잠들기 전과 잠에서 막 깨어난 후, 비몽사몽 하는 그 타이밍을 놓쳐서는 안 된다. 햇살이 좋은 아침, 아이가 일어날 시간에 맞춰 다리, 엉덩이 등을 부드럽게 마사지해주자. 그러면 아이는 기분 좋게 하루를 시작할 수 있다. 또한 저녁 목욕 후, 나른해질 때쯤 해줘도 좋다. 이때 아이가 좋아할 만한 음악을 잔잔하게 틀어놓고 향기로운 아로마 오일로 마사지 해주면 금상첨화다. 아이의 정서적 안정에 큰 도움이 될 것이다.

특히 아침마다 공격적으로 소리를 내며 울거나 보채는 아이나 짜증을 쉽게 내는 아이들은 마사지가 반드시 필요하다. 바빠서 해줄 시간이 없는가? 차라리 드라마를 보는 시간을 줄이고 아이를 마사지 해주는 데 투자해보는 것은 어떨까? 아이의 두 눈을 바라보며 교감을 나누고 아이의 구석구석을 주물러주다 보면 아이의 얼굴에서 행복한 미소가 피어오르는 것을 확인할 수 있을 것이다.

할머니들은 민감한 아이 피부에 마사지가 행여 자극이 될까봐 걱정하기도 한다. 이럴 때 오일이 해답이다. 마사지용 오일로는 아이가 잘못해서 먹을 수도 있으니 '식용 오일'을 사용하는 것이 좋다. 그래서 보통 '식물성 유기물 오일'을 사용한다. 이것은 가정에 흔히 하나쯤 있는 '올리브유', '포도씨유'와 같이 먹을 수 있는 오일이다. 하지만 우리가 흔히 식용으로 사용하는 오일은 오일 성분 이외에도 여러 화학재료가 들어 있어 위험하기 때문에 마사지용으로 나온 코스메틱 등급의 오일을 사용하는 것이 제일 안전하다. 시중에서 파는 코스메틱 오일로는 아몬드, 호호바, 코코넛, 올리브유, 메도우 폼, 햄프시드, 동백유, 연꽃유, 포도씨유, 해바라기유 등이 있다.

> **Tip**
>
> ### 마사지 오일의 특징
>
> 피부에 쉽게 흡수되어 모공을 열어준다.
> 피부 겉면뿐만 아니라 속까지 촉촉하고 탄력 있게 만든다.
> 물기가 없는 상태에서 바르면 각질제거 효과가 있다.
> 호호바 오일은 사람의 피부에서 분비되는 피지와 유사하여 흡수가 가장 잘 되는 오일이다.
> 바르는 느낌이 가벼워 우리가 흔히 바르는 화장품이나 비누에도 많이 사용된다.
> 코코넛 오일은 온도 때문에 굳는 경우가 있으나 따뜻해지면 다시 녹는다.

마사지 & 요가 테크닉

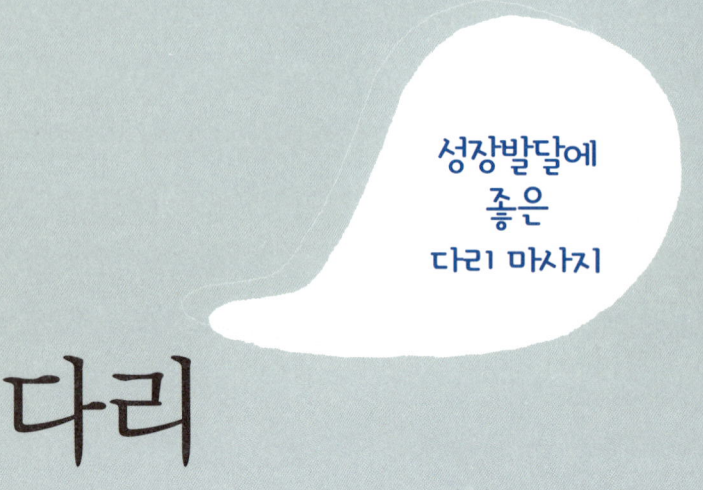

성장발달에
좋은
다리 마사지

다리

2~3분, 3~4분 간격으로 시간을 늘려가며 마사지한다.
혈액순환이 잘 되게 도와주고, 성장판을 자극해서 골격 형성을 돕는다.
성장통 예방 및 통증완화에도 좋다.

긴장감 풀기

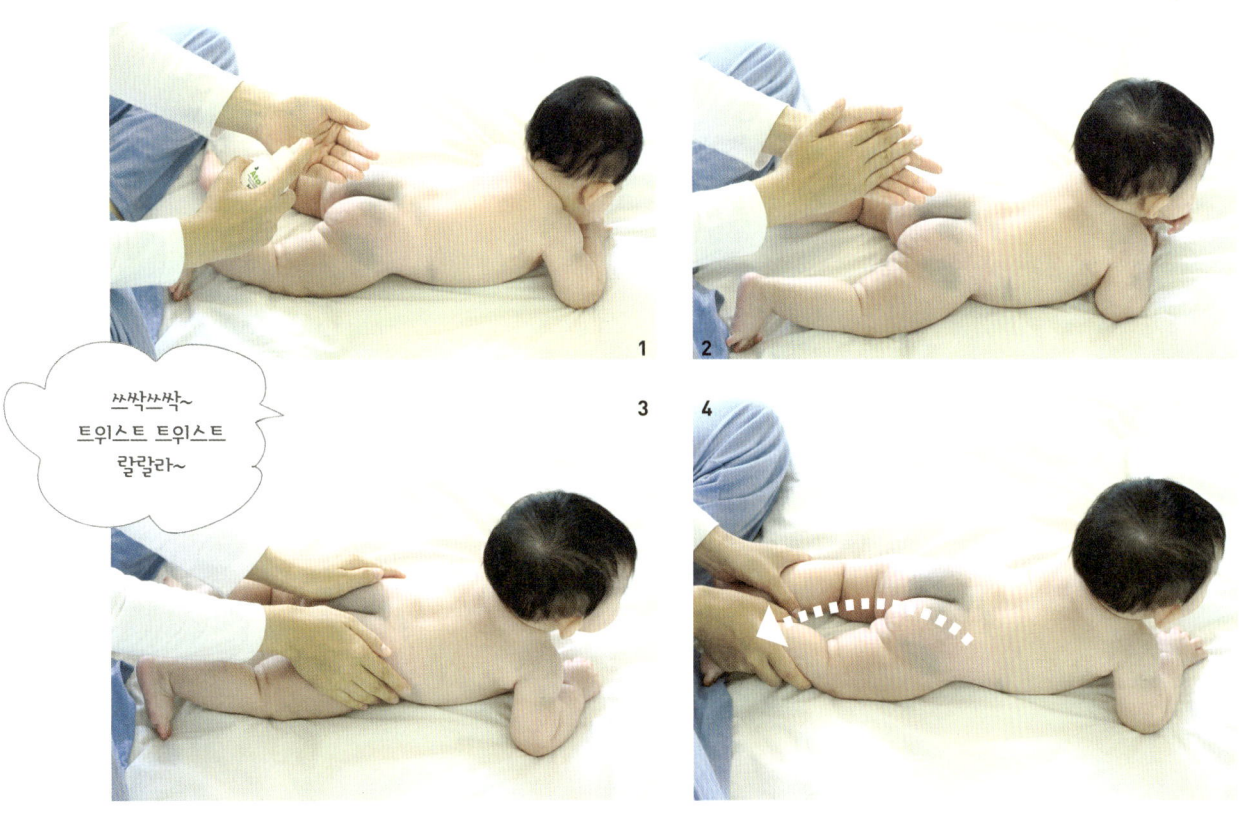

쓱싹쓱싹~
트위스트 트위스트
랄랄라~

방법 1) 손에 오일을 충분히 바른 후 따뜻하게 될 때까지 비벼준다.
2) 오일을 바른 손을 이용하여 아이의 엉덩이부터 발끝까지 마사지 해주기를 반복한다.

효과 성장통을 줄여주고 불안감을 없애준다.
편안함을 유지할 수 있도록 도와준다.

발바닥 마사지

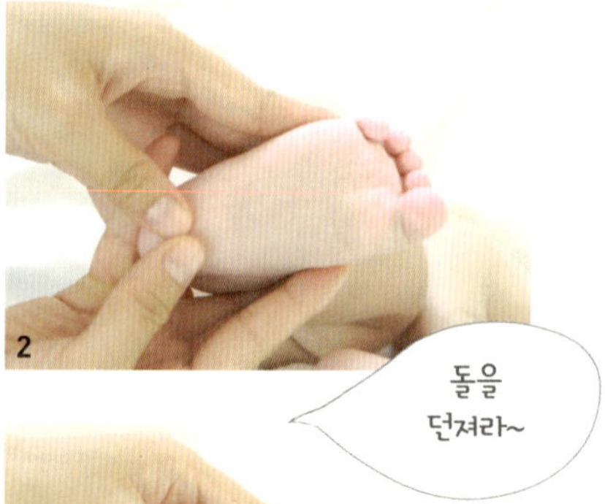

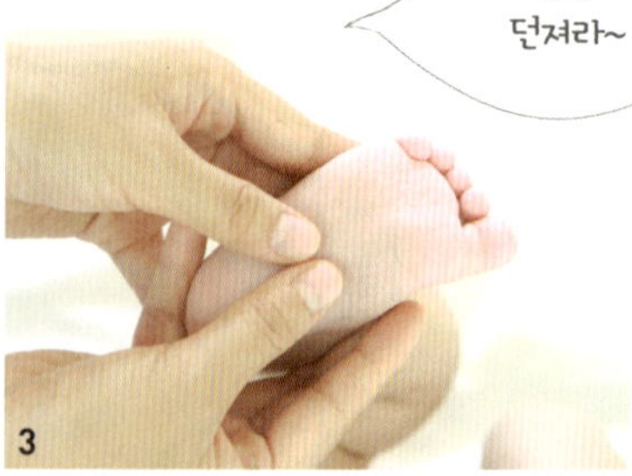

우리 아가 발바닥을 간지러 줄 테야~

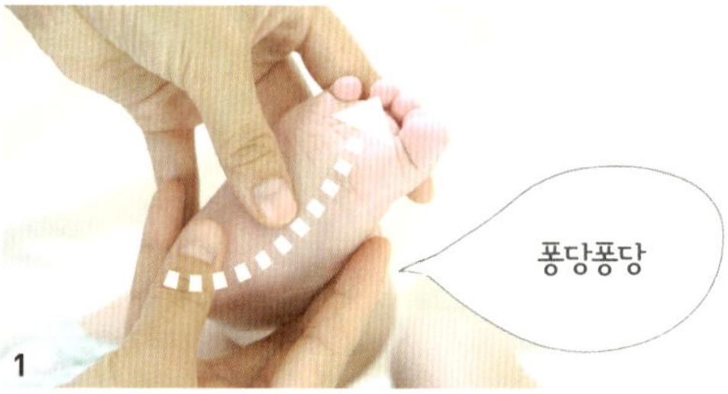

퐁당퐁당

돌을 던져라~

뽀뽀~

방법 1) 뒤꿈치부터 발가락 방향으로 발바닥 전체를 양 엄지를 이용하여 밀듯이 마사지한다.
2) 발바닥을 2~3초 동안 지그시 눌러주기를 반복한다.

효과 생식기를 비롯한 장기를 자극하기 때문에 여자아이들은 자궁이, 남자아이들은 전립선이 튼튼해진다.

발가락 마사지

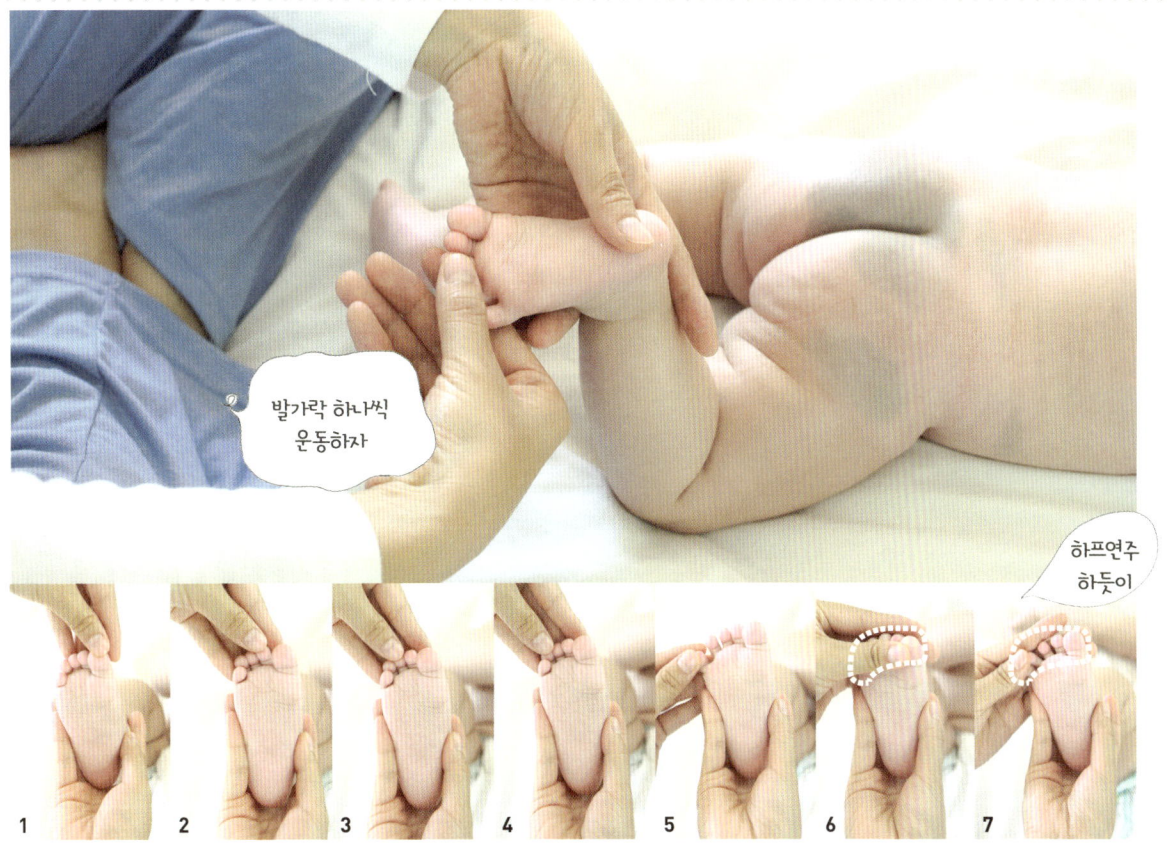

방법 1) 발가락 전체를 할머니의 엄지와 검지 손가락으로 하나씩 조심스럽게 문지른다.
2) 엄지발가락부터, 혹은 새끼발가락부터 하프 연주하듯 부드럽게 벌려준다.

효과 성장호르몬을 자극하여 두뇌발달을 도와준다.
시력과 청력의 자극을 도와준다.

혈액순환을 돕는 쓸어 올리기 마사지

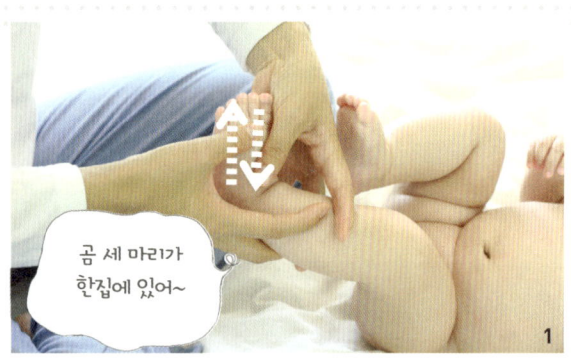
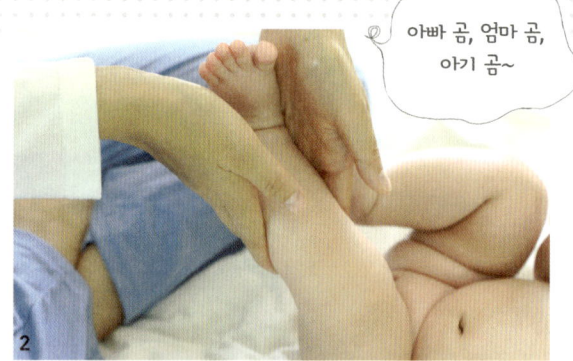
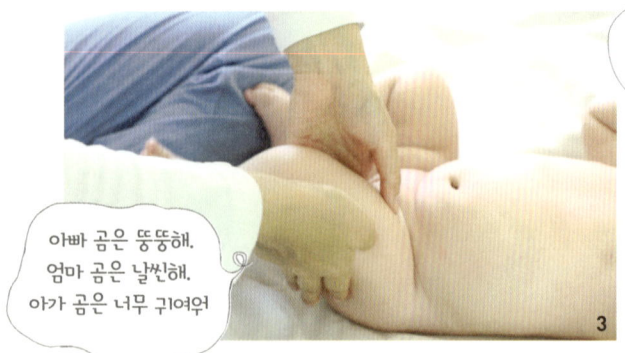
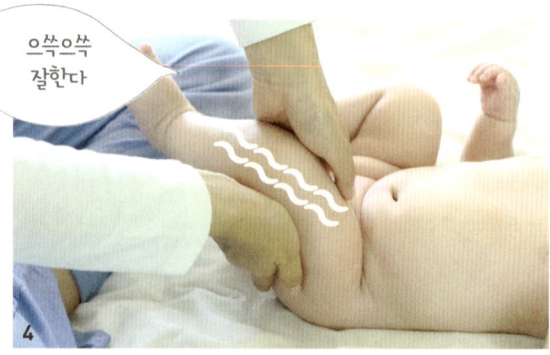

방법
1) 아기 발등을 발목 방향으로 할머니의 양 엄지를 사용하여 번갈아 밀어주기를 반복한다.
2) 할머니의 두 손바닥으로 아이 발을 잡고 번갈아 발목에서 엉덩이까지 마사지한다.
3) 두 손을 이용하여 허벅지부터 발목까지 털어준다.

효과 깨끗한 산소를 심장 쪽으로 공급해준다.
긴장감을 없애는 동시에 혈액순환을 돕는다.

소화기능을 튼튼히 하고
변비해소를 돕는
복부 마사지

배

소화 기능 향상에 도움을 주어 배 안에 가스가 차는 증상을 없애준다.
변비 및 설사를 예방해주고 편안한 수면을 할 수 있도록 유도한다.

긴장감을 풀어주는 소장 마사지

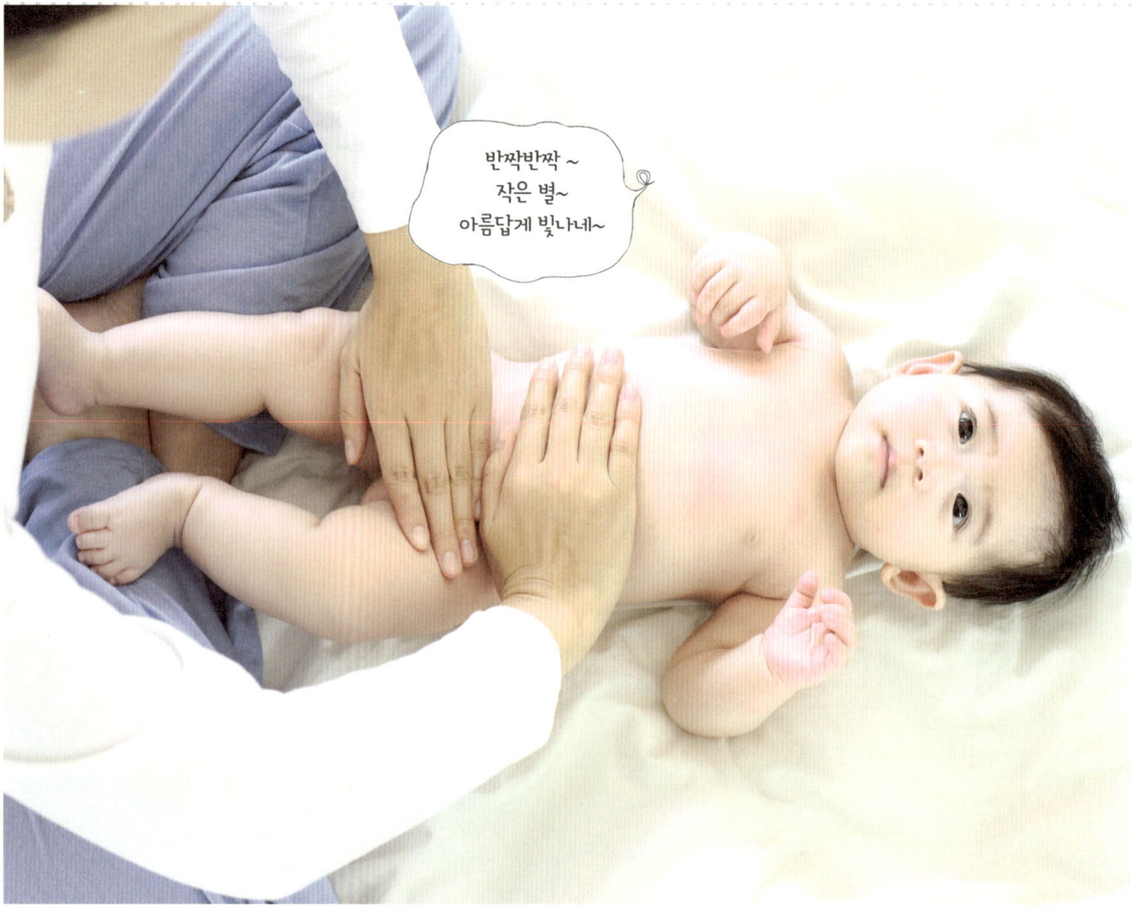

반짝반짝~
작은 별~
아름답게 빛나네~

방법 두 손바닥을 이용하여 늑골 아래부터 생식기 위까지 반복적으로 마사지한다.

효과 소장을 튼튼하게 해준다.
긴장감을 없애준다.

할머니가 해도 문제없는 베이비 마사지

대장 마사지

방법 오른손을 이용하여 아이의 배꼽주위에 큰 원을 그리듯이 마사지한다.

효과 장의 기능이 강화되고, 대장에 고여 있던 불필요한 노폐물이 배출된다.

I Love You 마사지

할머니는
우리 아가 사랑해
아이(I)

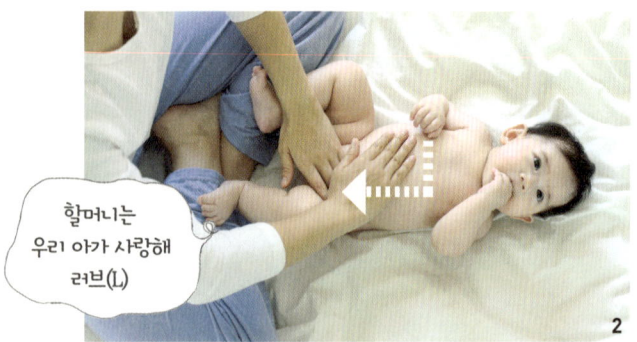

할머니는
우리 아가 사랑해
러브(L)

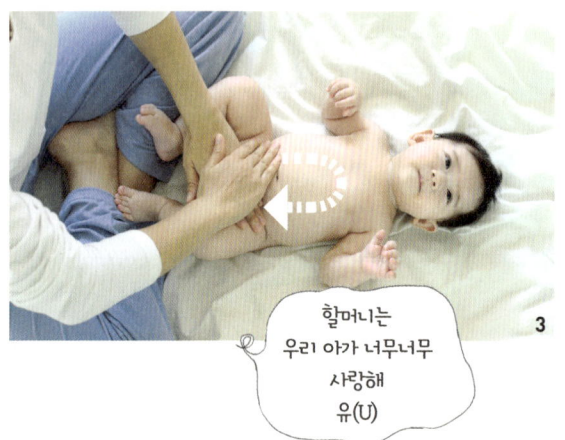

할머니는
우리 아가 너무너무
사랑해
유(U)

방법
1) 배꼽과 아이의 왼쪽 옆구리 사이를 위에서 아래, 즉 'I'모양으로 마사지한다.
2) 늑골 아래에서 시작하여 뒤집어진 'L' 모양으로 마사지한다.
3) 아이배 오른쪽부터 시작하여 뒤집어진 'U'자 모양으로 마사지한다.

효과 하행결장, 횡행결장, 하행결장을 자극하여 대장의 순환을 돕는다.

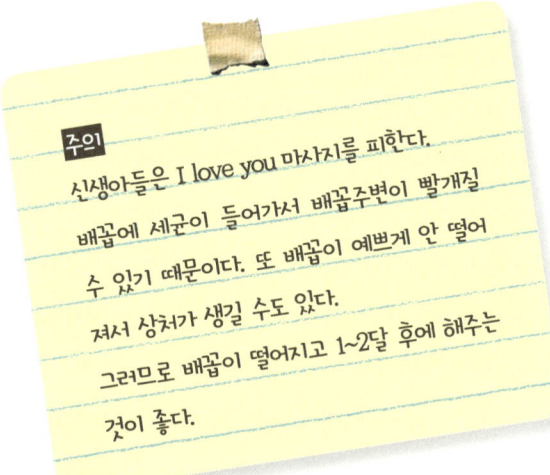

주의
신생아들은 I love you 마사지를 피한다. 배꼽에 세균이 들어가서 배꼽주변이 빨개질 수 있기 때문이다. 또 배꼽이 예쁘게 안 떨어져서 상처가 생길 수도 있다. 그러므로 배꼽이 떨어지고 1~2달 후에 해주는 것이 좋다.

호흡기를 튼튼히 하고,
감기 예방에 좋은
가슴 마사지

가슴

가슴 부분을 자극하면서 호흡기 계통을 강화하여 감기예방을 돕는다.
면역력을 증가시켜서 감기에 걸렸을 때
기관지 및 폐의 기능을 회복시켜준다.

하트 마사지

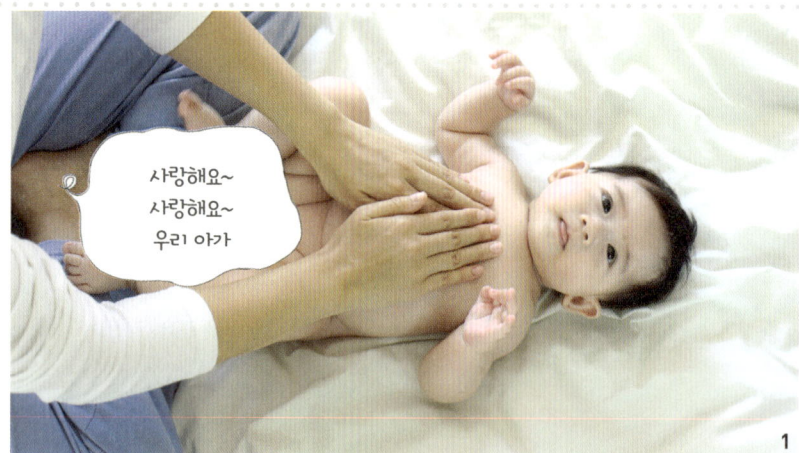

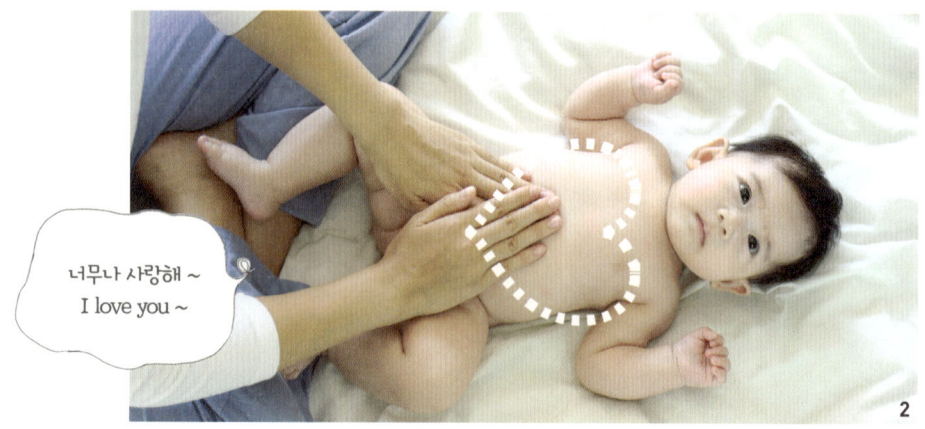

방법 아이의 양 젖꼭지 중심 부분부터 큰 하트를 그리듯이 마사지한다.

효과 호흡기계의 순환이 원활하게 될 수 있게 도와준다.

X맨 마사지

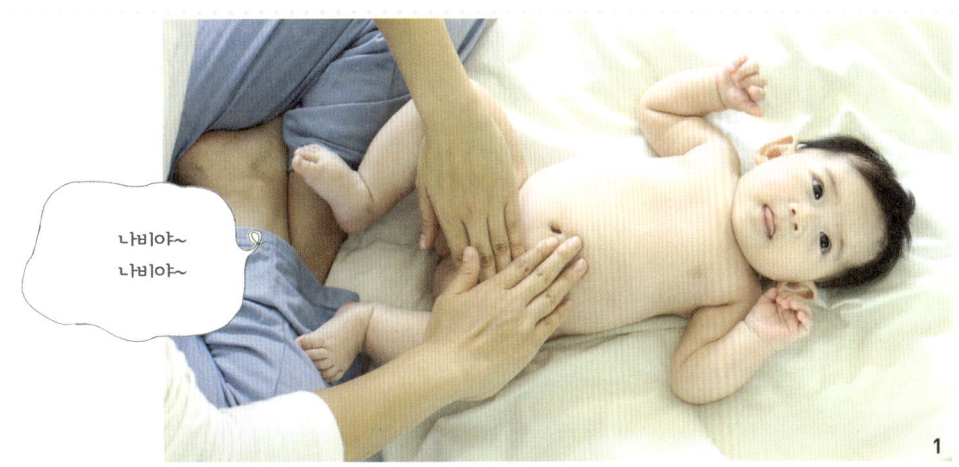

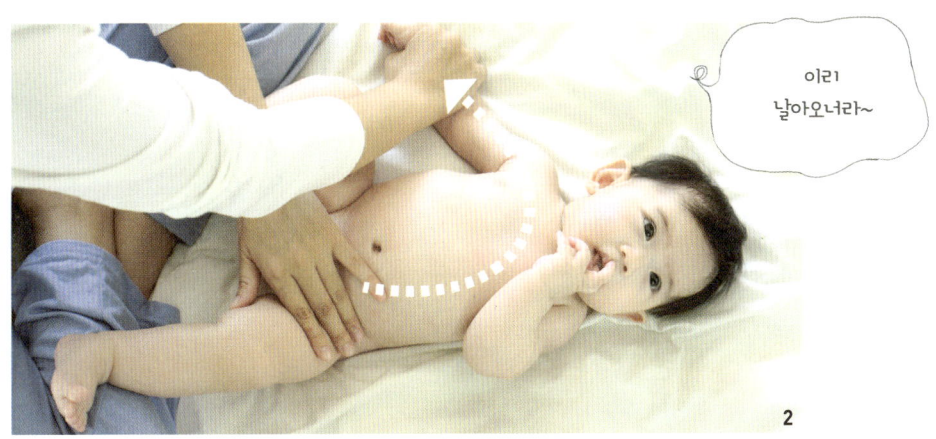

방법 나비 모양으로 옆구리 → 가슴 중심 → 어깨 → 손끝 순서대로 마사지를 반복한다.

효과 열이 많은 아이는 열을 내려준다.
폐를 튼튼하게 해준다.

장 마사지

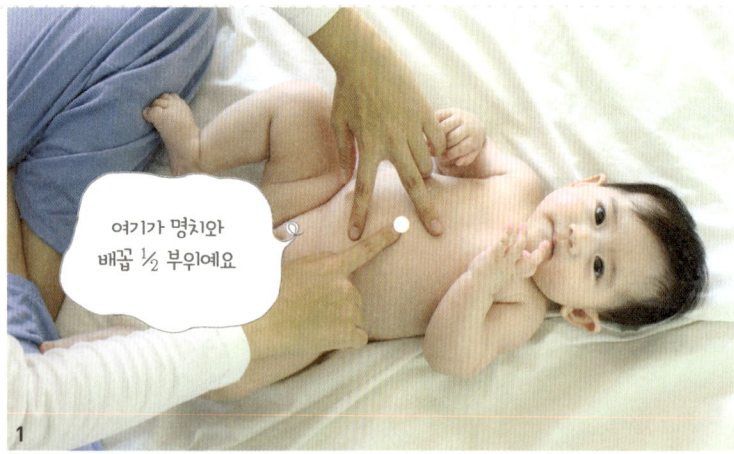

여기가 명치와 배꼽 ½ 부위예요

주의
우유를 먹은 지 얼마 안 되어 바로 마사지를 하면 토할 수 있다. 그러므로 식후 30분~1시간 뒤에 마사지 하는 것이 좋다.

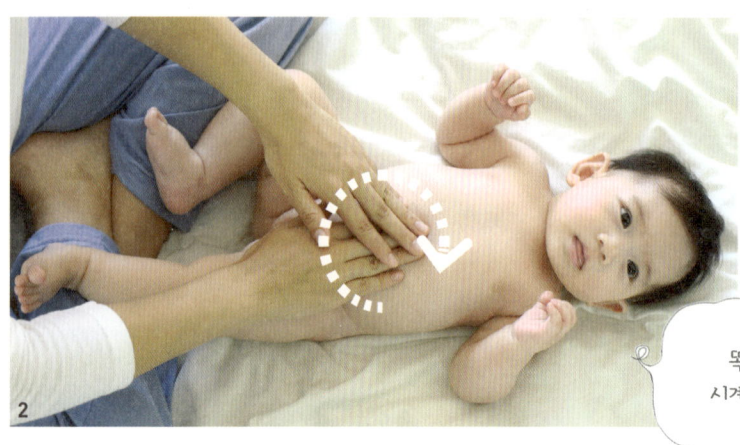

똑딱똑딱 시계방향으로

방법 1) 명치와 배꼽 ½ 부위를 표시한다.
2) 부드럽게 시계방향으로 배 마사지 해주기를 반복한다.

효과 가스로 생긴 배앓이를 완화해준다.
딸꾹질을 멈추게 하는 데 효과가 있다.

소근육 발달 &
집중력을 향상하는
팔 마사지

팔

소근육을 균형있게 발달시킬 수 있다.
오장육부의 협응력(신체적 상호 조절능력)을 증진시킨다.

긴장감 풀기

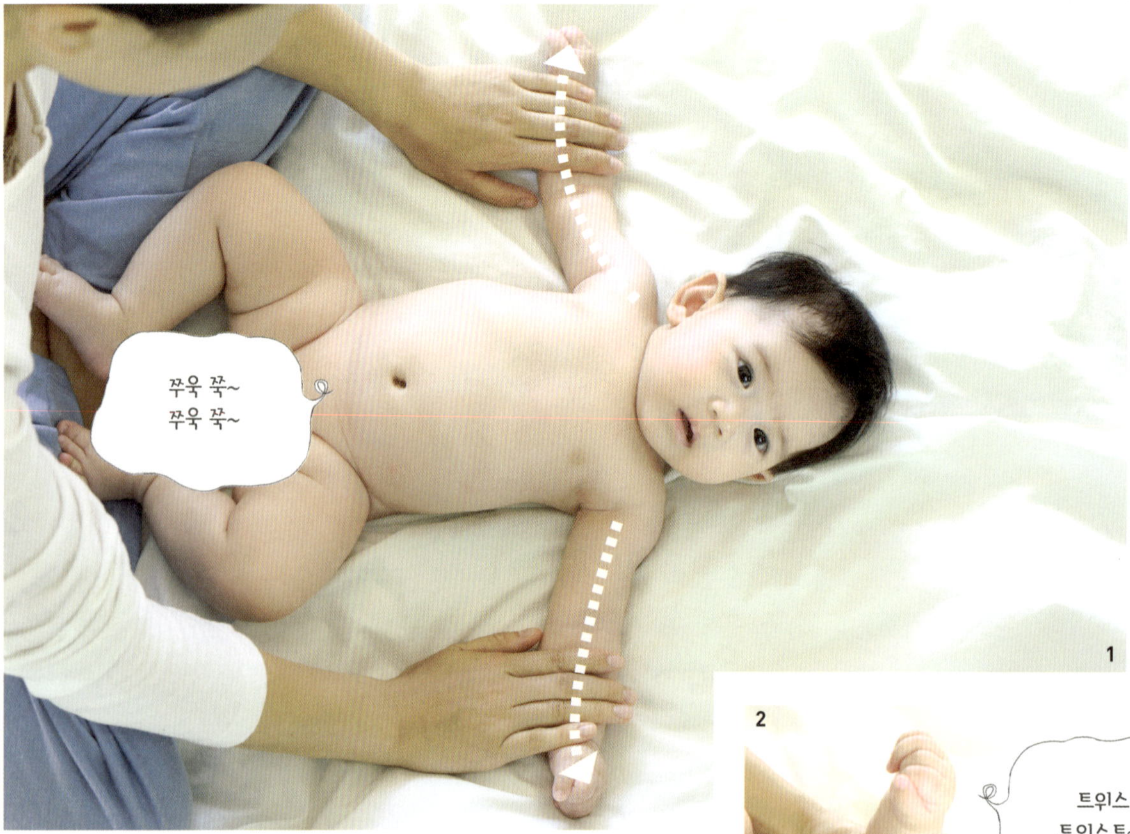

꾸욱 쭉~
꾸욱 쭉~

트위스트
트위스트~♪

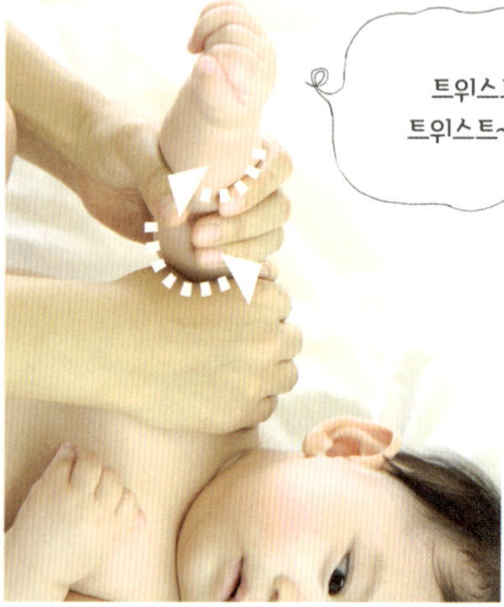

방법
1) 오일을 바른 손을 이용하여 아이의 어깨에서 손끝까지 마사지해주기를 반복한다.
2) 두 손을 촘촘히 마주 잡은 후 어깨부터 손목까지 꽈배기처럼 트위스트 하며 꼬아준다.

효과 긴장감을 없애주며 성장판을 자극하게 돕는다.

손바닥 마사지

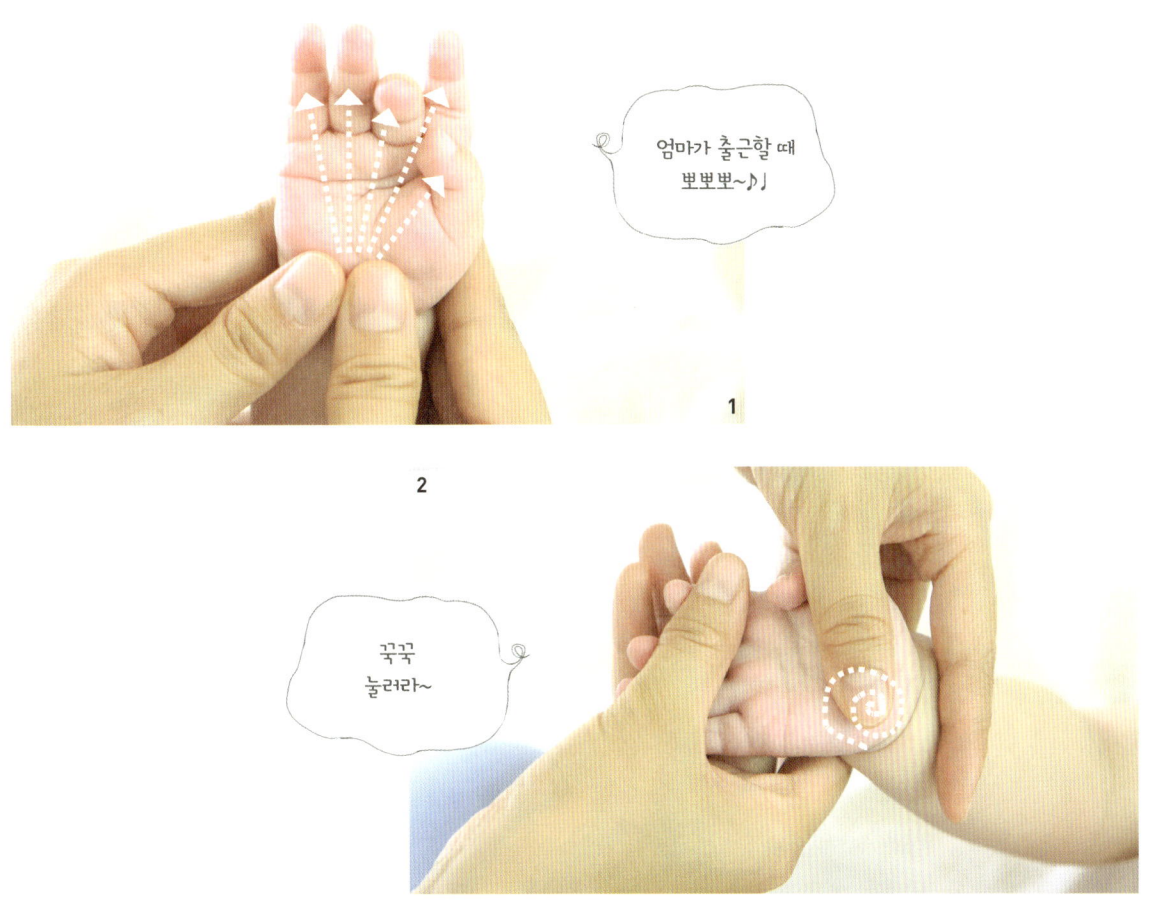

방법 1) 손바닥 끝부터 손가락 방향으로 손바닥 전체를 양 엄지를 이용하여 밀듯이 마사지한다.
2) 손바닥을 2~3초 동안 지그시 눌러주기를 반복한다.

효과 생식기를 비롯한 장기를 자극해 혈액순환을 돕는다.
폐를 튼튼하게 해준다.

오장 문지르기 마사지

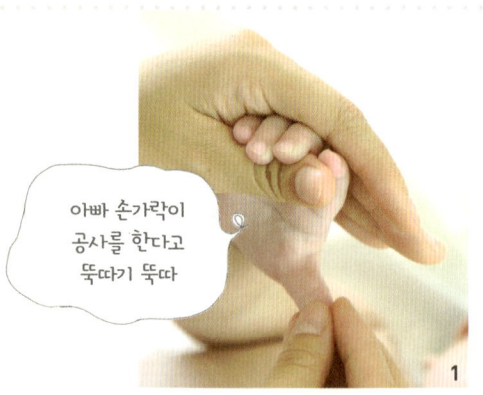

아빠 손가락이 공사를 한다고 뚝따기 뚝따

엄마 손가락이 화장을 한다고 연지곤지

1 2

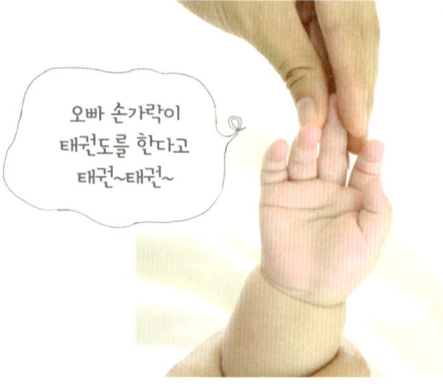
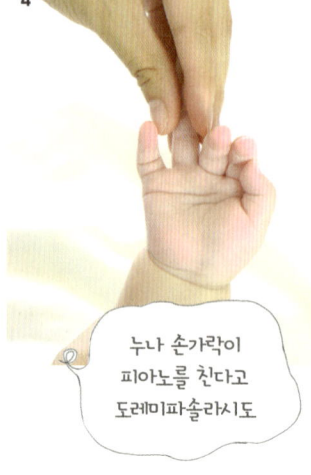

오빠 손가락이 태권도를 한다고 태권~태권~

3 4

누나 손가락이 피아노를 친다고 도레미파솔라시도

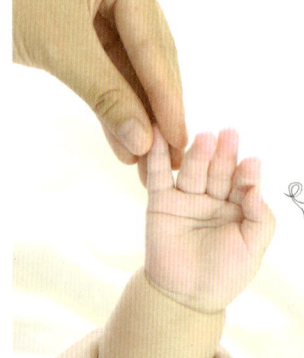

5

아기 손가락이 쭈쭈를 먹는다고 쭉쭈기 쭉쭈~

방법 아이 엄지손가락부터 새끼손가락까지 차근차근 문지르듯이 마사지한다.

효과 엄지손가락: 비장 마사지
검지손가락: 간 마사지
중지손가락: 심장 마사지
약지손가락: 폐 마사지
새끼손가락: 신장 마사지

주의
손가락을 돌리듯 마사지하면 뼈가 뒤틀릴 수 있다. 아기 뼈는 아직 약해서 미성숙한 상태이기 때문이다.

팁
오장 마사지는 12세 이하의 아이에게 적용되고 성인의 오장 마사지 위치는 다르다.

쓸어 올리기 마사지

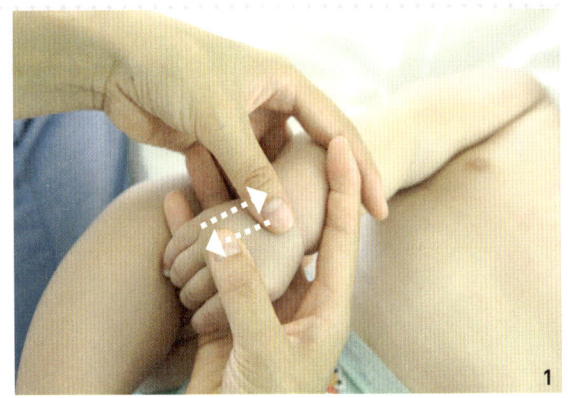
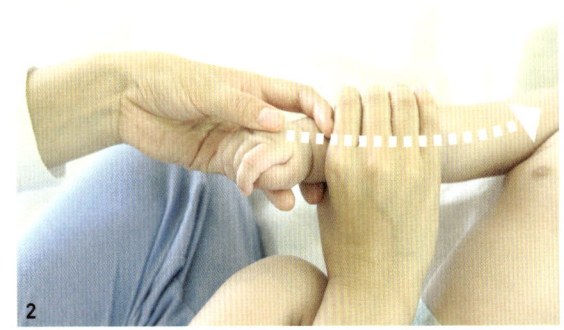
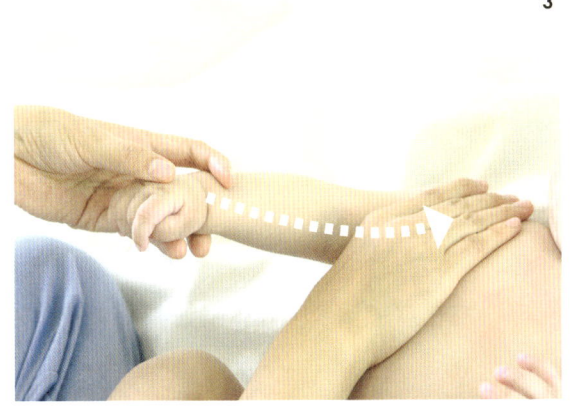
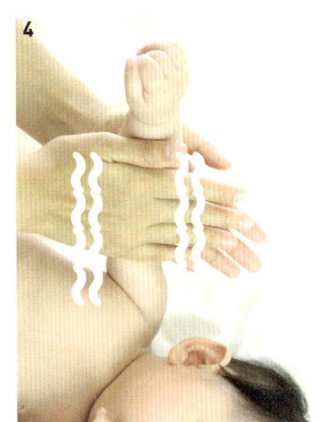

방법 1) 아이 손등을 손목 방향으로 할머니의 양 엄지로 번갈아 밀어주기를 반복한다.
2) 아이 팔을 번갈아 손목에서 어깨까지 마사지한다.
3) 할머니의 두 손을 이용하여 아이 팔뚝부터 손목까지 털어준다.

효과 깨끗한 산소를 심장 쪽으로 공급해준다.
긴장감을 없애준다.
혈액 순환을 돕는다.

> 바른 자세를 돕고
> 오장육부를 튼튼히
> 하는 등 마사지

등

신경을 하나하나 섬세하게 만져줄 수 있도록 마사지한다.
오장육부를 자극시켜 바른 자세로 교정할 수 있다.

트위스트 마사지

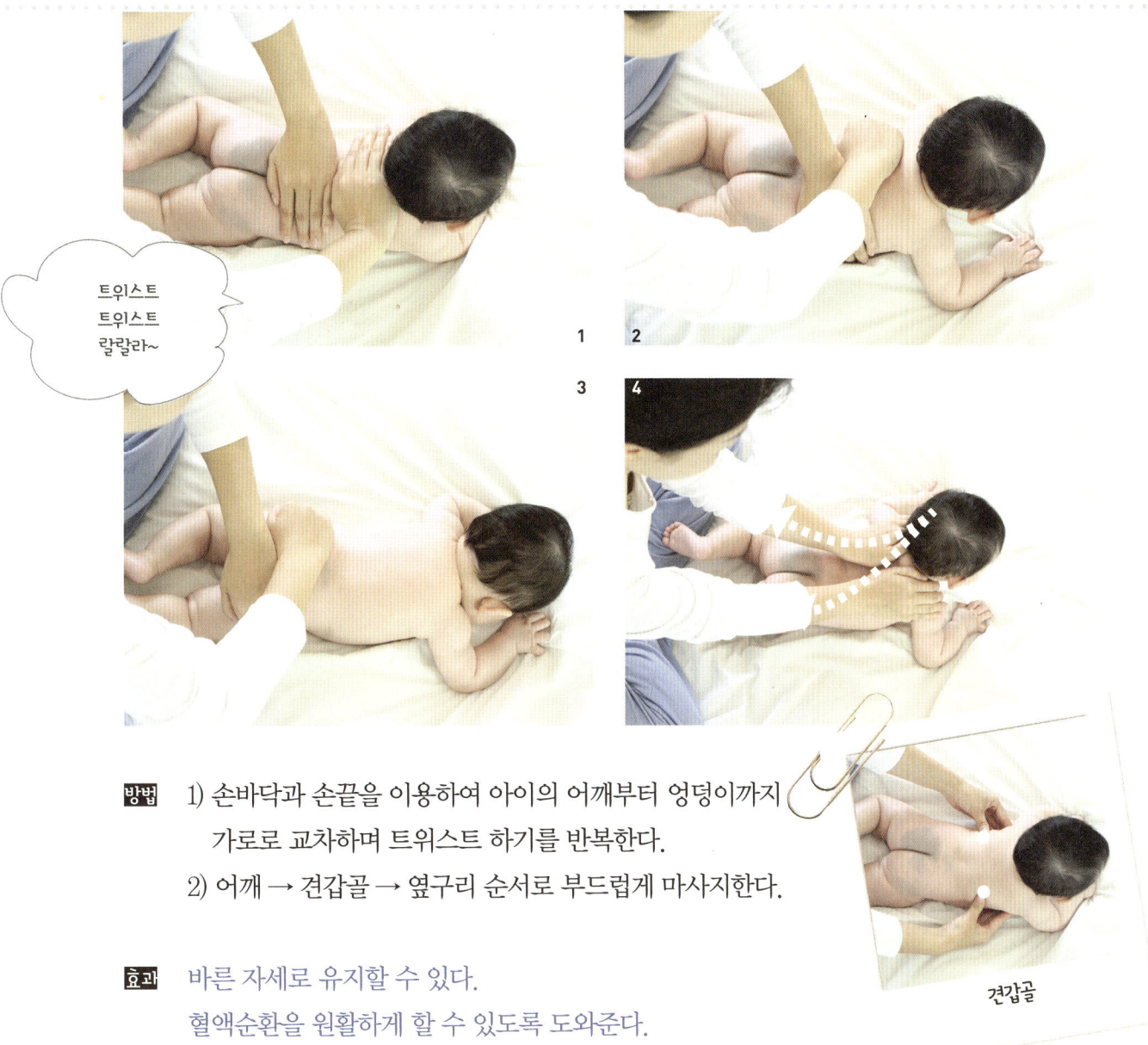

방법 1) 손바닥과 손끝을 이용하여 아이의 어깨부터 엉덩이까지 가로로 교차하며 트위스트 하기를 반복한다.
2) 어깨 → 견갑골 → 옆구리 순서로 부드럽게 마사지한다.

효과 바른 자세로 유지할 수 있다.
혈액순환을 원활하게 할 수 있도록 도와준다.

견갑골

엉덩이 마사지

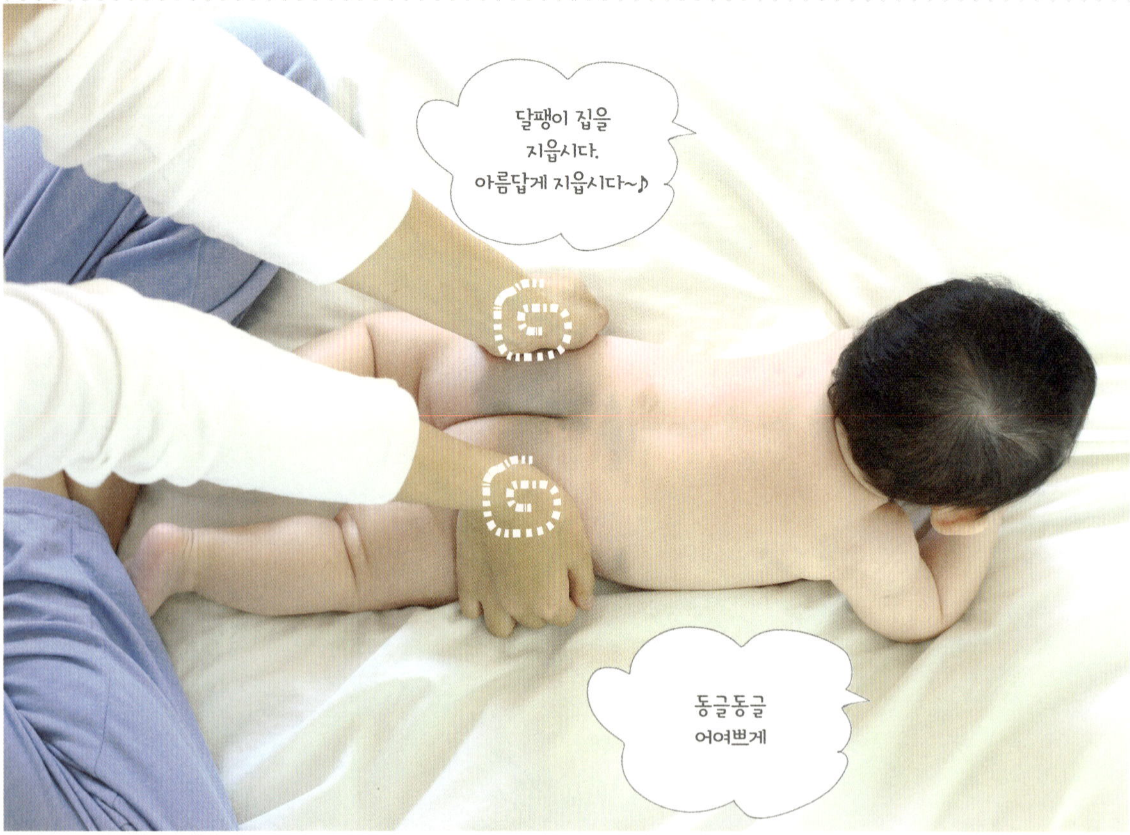

방법 동글동글 원을 그리듯이 엉덩이를 마사지한다.

효과 성장통을 예방하고 엉덩이 근육을 풀어줄 수 있게 돕는다.

등 전체 마사지

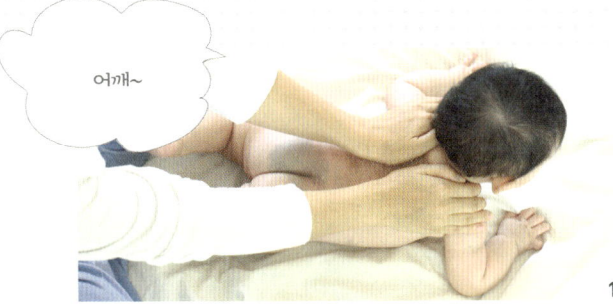
어깨~

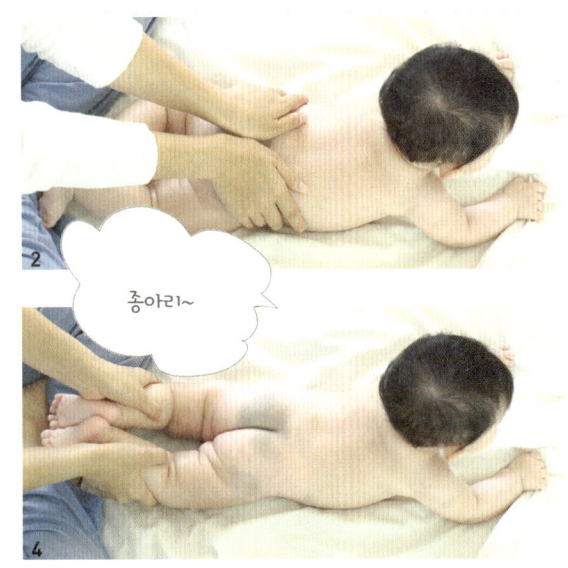

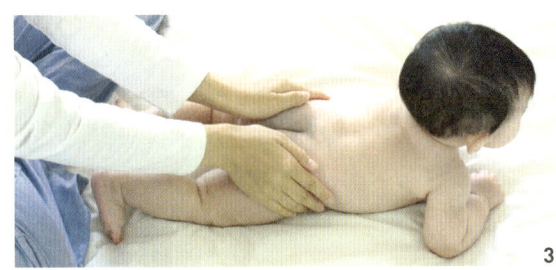

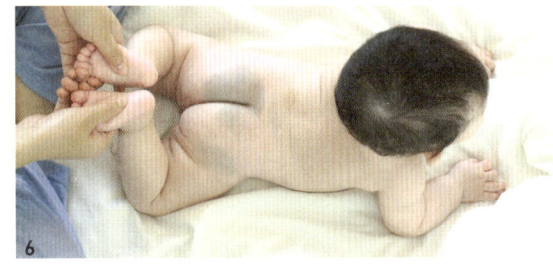
종아리~

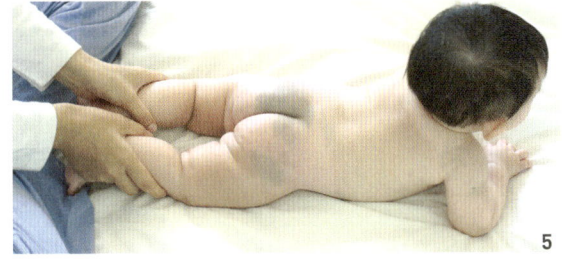

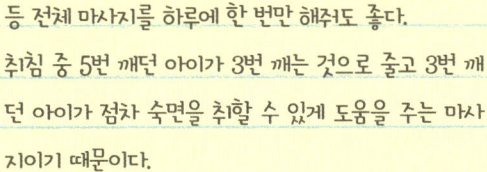

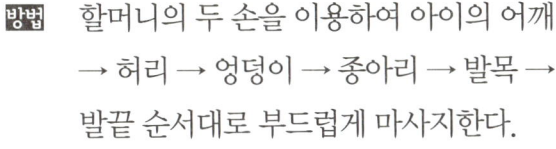

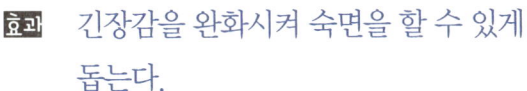

방법 할머니의 두 손을 이용하여 아이의 어깨 → 허리 → 엉덩이 → 종아리 → 발목 → 발끝 순서대로 부드럽게 마사지한다.

효과 긴장감을 완화시켜 숙면을 할 수 있게 돕는다.

등 전체 마사지를 하루에 한 번만 해주어도 좋다. 취침 중 5번 깨던 아이가 3번 깨는 것으로 줄고 3번 깨던 아이가 점차 숙면을 취할 수 있게 도움을 주는 마사지이기 때문이다.

곡선 그리기 마사지

방법 곡선 그리듯이 동글동글 문지르며 'U' 모양으로 마사지한다.

효과 척추기립근을 자극해 혈액순환을 돕는다.
노폐물의 배출이 원활하게 되도록 돕고 면역력을 높여준다.

 206 할머니가 해도 문제없는 베이비 마사지

우리 아이
예쁜 얼굴을 만드는
얼굴 마사지

얼굴

해열 작용을 돕고 축농증, 비염을 해소할 수 있다.
잇몸마사지를 통해 V라인 얼굴로 만들 수 있다.

해열 마사지

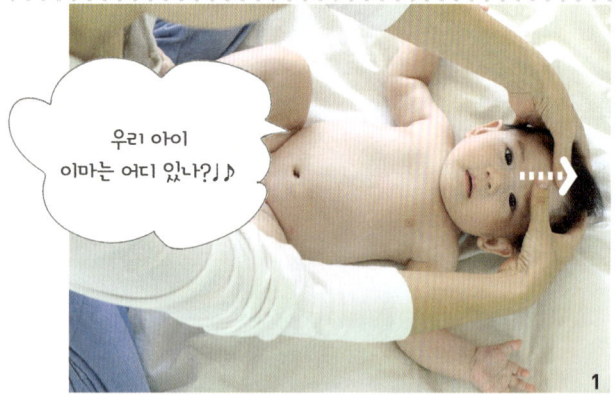

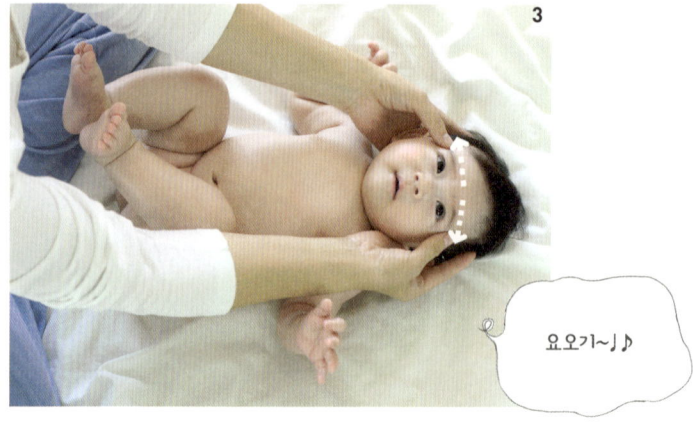

방법
1) 양 엄지손가락을 이용하여 눈썹 시작 부분부터 머리가 나는 곳까지 일직선이 되도록 반복적으로 마사지한다.
2) 양 엄지손가락을 이용하여 눈썹 시작라인에서 눈썹 끝 부분까지 동시에 밀듯이 마사지한다.

효과 열을 내려주고 시력을 높이는 효과가 있다.

오똑한 코 마사지

방법 양쪽 코 볼부터 콧대가 시작되는 곳까지 일직선이 되도록 마사지한다.

효과 축농증과 비염을 없애는 효과가 있다.
노폐물 배출에도 도움이 된다.

오똑해져라~
얍~!

주의
절대 압이 없어야 한다.
오히려 강한 자극을 주면 축농증이나 비염이 생길 수 있으므로 주의한다.

근육 이완 마사지

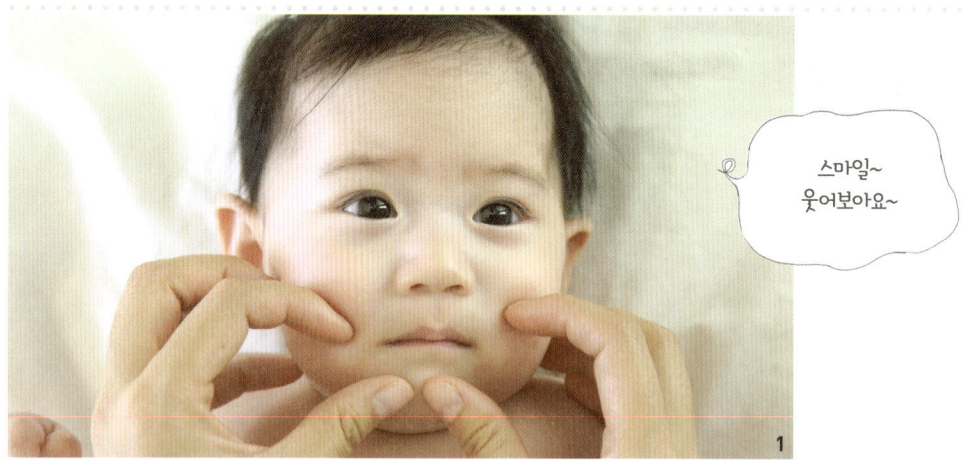

스마일~
웃어보아요~

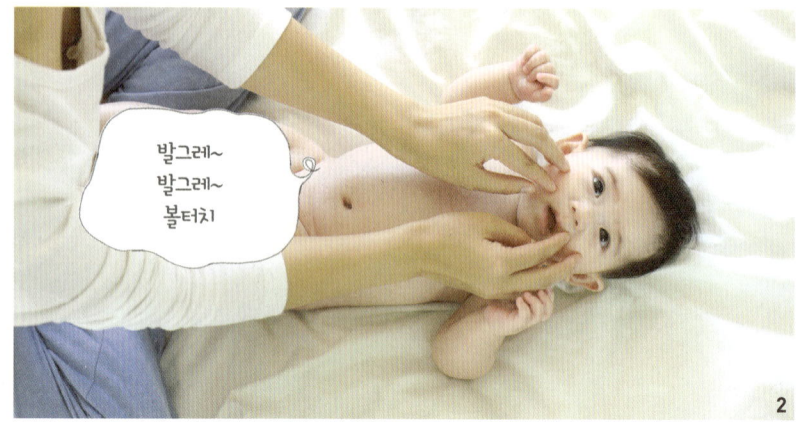

발그레~
발그레~
볼터치

방법 1) 입술 주위를 엄지 손가락을 이용하여 마사지한다.
2) 볼 주위를 다섯 손가락을 이용하여 두드려준다.

효과 얼굴 근육을 자극해 긴장감을 없애준다.
잇몸 마사지 효과까지 줄 수 있다.

오장육부 귀 마사지

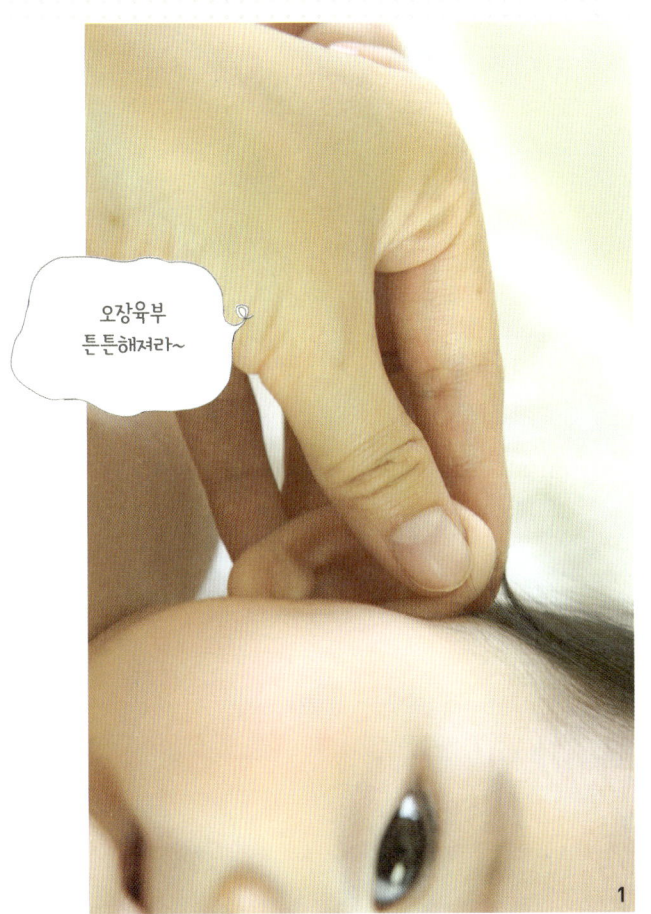
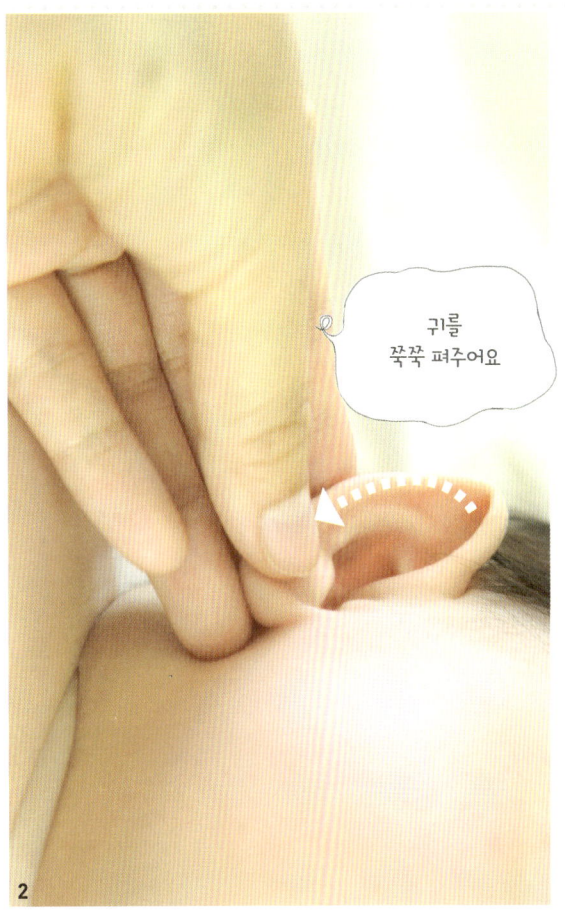

방법   귀 끝부터 귓불까지 곡선을 그리듯이 마사지한다.

효과   10달 내내 엄마 뱃속에서 눌러 있던 귀 전체를 펴주므로 아이가 시원함을 느낀다. 오장육부를 튼튼하게 해주고 혈액순환 효과가 있다.

몸 풀기에
좋은 베이비
기본 요가

기본 요가

어린 아이가 어떻게 요가를 할 수 있을까?
궁금해 하는 할머니도 있을 것이다.
그러나 요가는 만 1세 전 영아기 때부터 해주는 것이 좋다.

숨쉬기 요가 & 페이스 요가

아, 에, 이, 오, 우 따라해보아요~

왼쪽 코!

오른쪽 코!

아 에 이 오 우

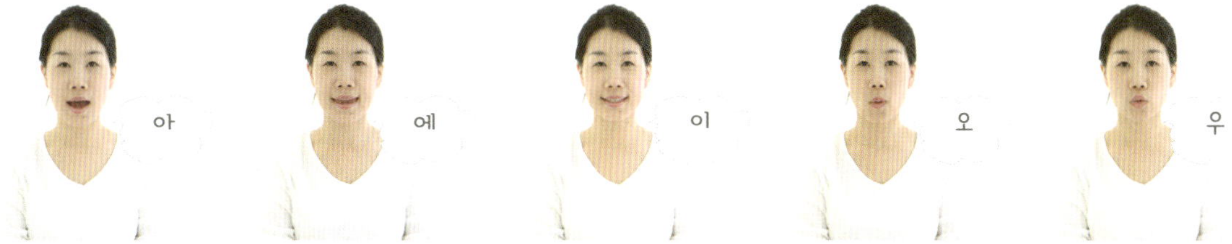

방법
1) 아이의 호흡이 일정한지 확인한다.
2) 아이의 한쪽 코를 막고 입으로 숨을 마시고 내쉬는 방법을 알려준다.
3) 잘 따라 하면 반대쪽도 실시한다.

효과 코의 기를 정화해 뇌까지 상쾌한 기운을 전해준다.
폐의 산소공급이 원활하도록 도와준다.

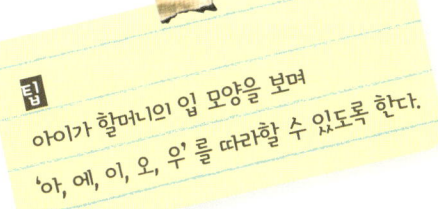

팁 아이가 할머니의 입 모양을 보며
'아, 에, 이, 오, 우'를 따라할 수 있도록 한다.

가슴 펴기 요가 & 어깨 펴기 요가

손을 쭈욱 펴고~

손을 다시 원 위치~

방법
1) 두 손을 '大'자 모양으로 쭈욱 펴준다.
2) 아이의 두 손을 모으듯이 원 위치시킨다.
3) 아이의 양어깨가 다시 펴질 수 있도록 반복한다.

효과 어깨 근육의 긴장감을 없애주고 호흡기의 기능을 강화해준다.

고기잡이 요가

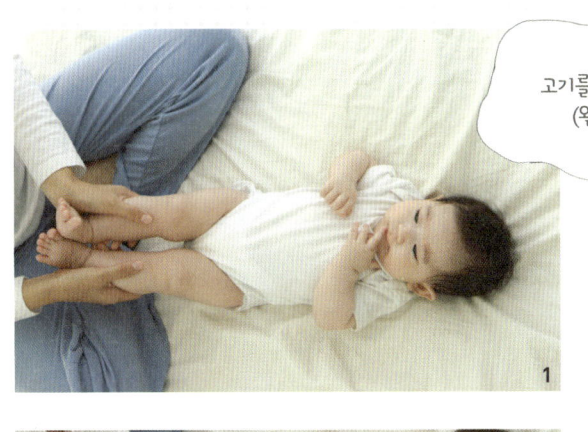

고기를 잡으러
(왼쪽)

바다로 갈까요~*
(오른쪽)

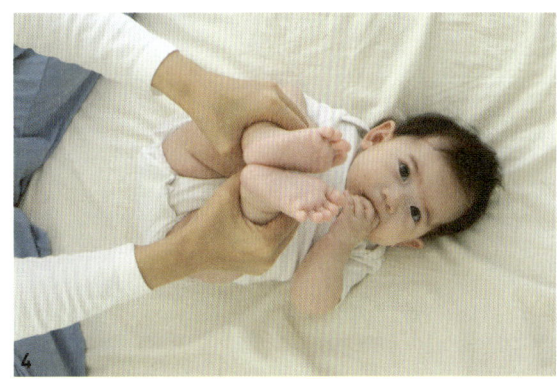

방법
1) 아이의 종아리를 할머니의 두 손으로 감싸 쥔다.
2) 왼쪽, 오른쪽으로 방향을 움직여준다.
3) 양손으로 아이의 두 발을 모아들어 머리까지 눌러준다.

효과 기저귀 갈 때 해주면 좋다.
등, 허리, 다리, 발끝까지 시원하게 풀어주면서 유연성을 키워줄 수 있다.

발 구르기 요가

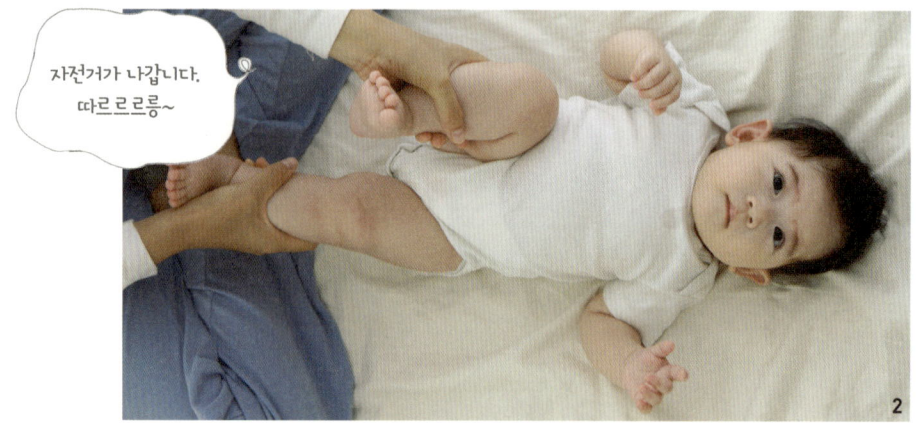

방법 1) 아이의 종아리를 잡고 무릎을 구부릴 수 있도록 돕는다.
2) 자전거 페달을 밟듯이 굴려준다.

효과 고관절을 자극하여 성장통을 예방할 수 있다.
변비를 없애주는 효과가 있다.

키 쑥쑥 성장 발달에
좋은 베이비 심화 요가

심화 요가

뼈가 튼튼해질 뿐만 아니라 곧고 예쁘게 자랄 수 있게 돕는다.
아이 성장 발달에 도움을 주어 롱다리로 만들어준다.

누운 나무 요가

방법
1) 아이의 종아리를 잡고 무릎을 구부려 아이 발바닥이 다른 쪽 다리에 닿을 수 있도록 돕는다.
2) 위 상태에서 아이의 발을 위로 올려 발끝으로 무릎을 찍는다.
3) 반대쪽도 똑같이 한다.
4) 잘 따라 하면 두 손으로 기도하듯이 두 손바닥을 붙여주고 머리 위로 쭉 뻗도록 도와준다.

효과 몸의 전체적인 균형을 잡아줘서 바른 자세로 교정할 수 있다.

전화 받기 요가

방법 1) 아이 발바닥이 전화기라고 생각하여 아이가 번호를 누르듯이 두드릴 수 있도록 돕는다.
2) 발바닥으로 전화 받는 시늉을 하며 귀에 갖다 댄다.

효과 두뇌를 자극하는 효과가 있다.
고관절을 유연하게 만들고, 성장판을 자극하여 키가 쑥쑥 자란다.

하늘 보기 요가

우리 아가
하늘 보기~

방법 1) 아이의 한 손은 배꼽, 다른 한 손은 귀에 닿을 수 있도록 자세를 취한다.
2) 할머니를 바라볼 수 있도록 오른쪽이나 왼쪽으로 아이의 상체를 기울여준다.

효과 몸의 유연성을 길러주는 자세이다.
호흡기뿐만 아니라 대장도 자극해 혈액순환이 원활하게 된다.

 220 할머니가 해도 문제없는 베이비 마사지

샌드위치 요가

허벅지 잡고~
무릎 잡고~
발끝 잡고~

방법 1) 두 발을 앞으로 쭈욱 뻗은 상태로 앉힌다.
2) 두 손으로 허벅지 → 무릎 → 발끝을 잡을 수 있도록 돕는다.

효과 대장, 신장, 방광을 자극하여 노폐물 배출을 도와준다.
척추기립근의 긴장감을 없애준다.

기분 좋은
한방 경혈 마사지

한방 마사지

손으로 압력을 가하면서 몸을 풀어주므로
기와 혈의 흐름을 원활히 해준다.
면역력이 강한 아이로 만들어준다.

변비해소에 좋은 두각혈 마사지

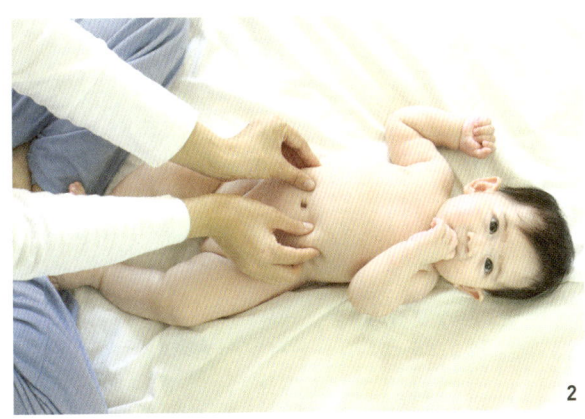

주의

꼬집듯이 잡으면 안 된다.
잡은 근육의 양이 너무 많거나
적지 않도록 주의한다.
두각혈을 실시한 후엔 손바닥으로
해님 마사지를 해주면
아이가 불안해하지 않고 편안하게
마사지를 받을 수 있다.

해님마사지를 해주어요~

방법 1) 배꼽을 기준으로 약 1~2cm 정도 떨어진 부위
아랫부분(두각혈)을 누른다.
2) 양손을 이용하여 복부의 근육을 세로로 잡았다 놓기를 반복한다.

효과 대장의 상행결장과 하행결장을 자극하여 소화 기능을 강화시킨다.
노폐물의 배출을 도와준다.

전중혈 마사지

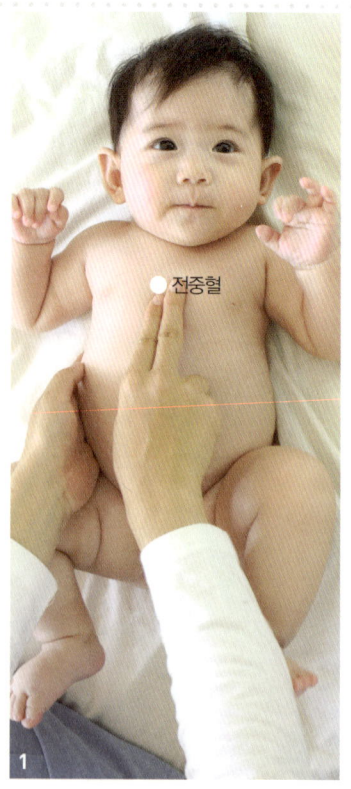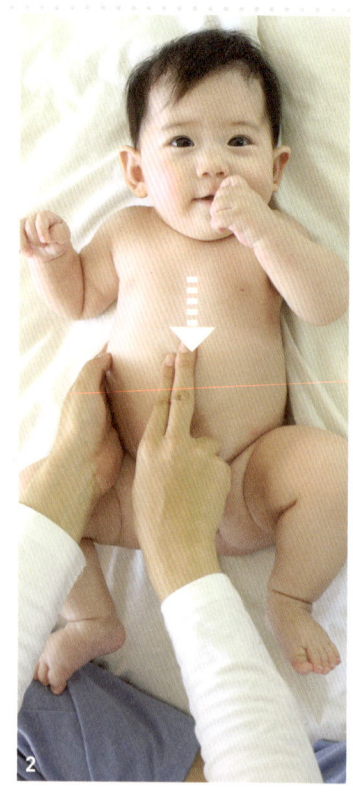

가슴까지 꾹꾹~

방법
1) 양 젖꼭지 중간부위(전중혈)를 만져준다.
2) 검지, 중지를 이용하여 전중혈에서 명치 방향(↓)으로 쓸어내리듯이 마사지한다.
3) 양 손가락을 이용하여 전중혈에서 양 젖꼭지 방향(↔)으로 쓸어주듯이 마사지한다.

효과 가래를 삭이는 효과가 있기 때문에 기침, 천식, 가래가 있는 아이에게 좋다.
가슴이 답답한 느낌을 없애준다.
감기 예방에 좋다.

폐유혈 마사지

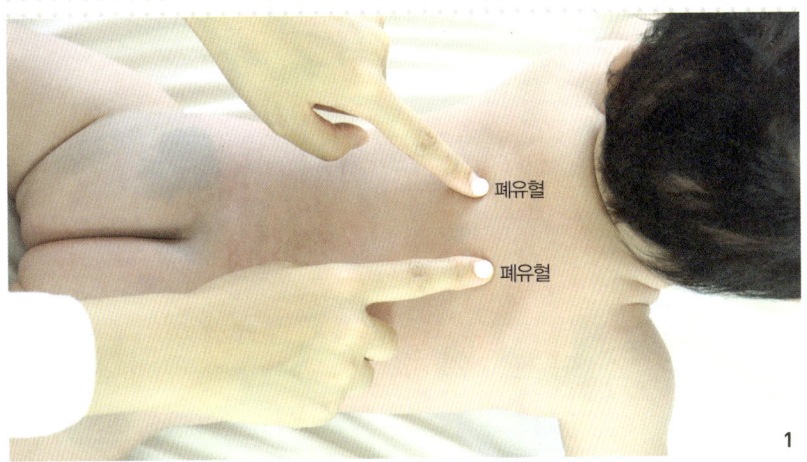

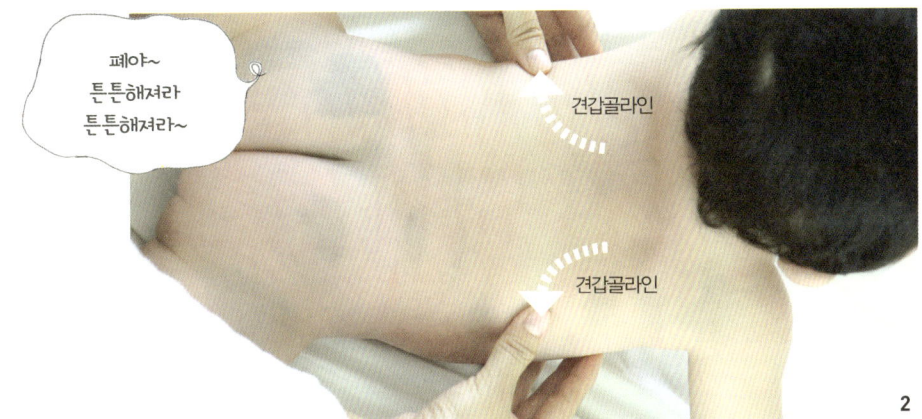

방법　1) 등 뒤에 있는 흉추(가슴등 뼈) 옆 1cm 정도 되는 부위(폐유혈)를 눌러준다.
　　　　2) 흉추 뼈와 견갑골 라인(어깨 뼈)까지 양 엄지손가락을 이용하여 'ㅅ'자 방향으로 쓸어
　　　　　내려준다.

효과　폐를 자극하여 튼튼하게 해주고 호흡기 기능을 강화시켜준다.

숨어 있는 1cm 척추 라인 마사지

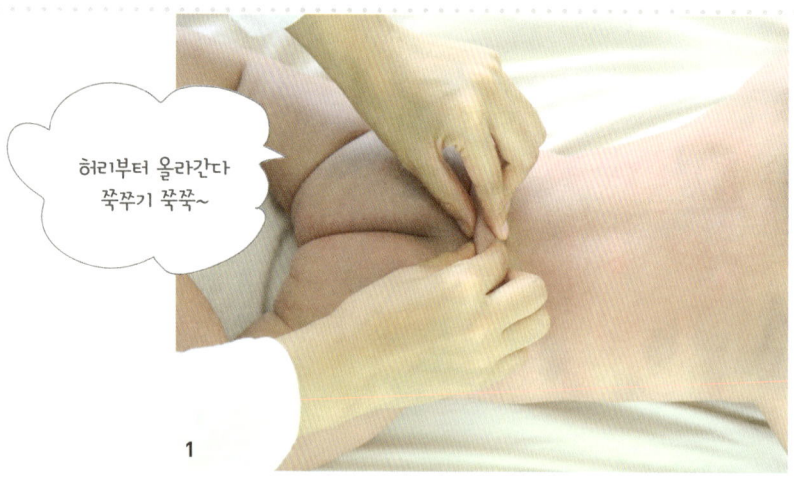

허리부터 올라간다
꾹꾹이 꾹꾹~

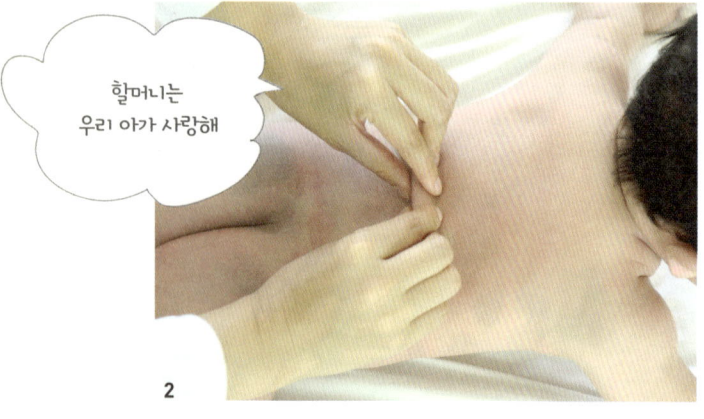

할머니는
우리 아가 사랑해

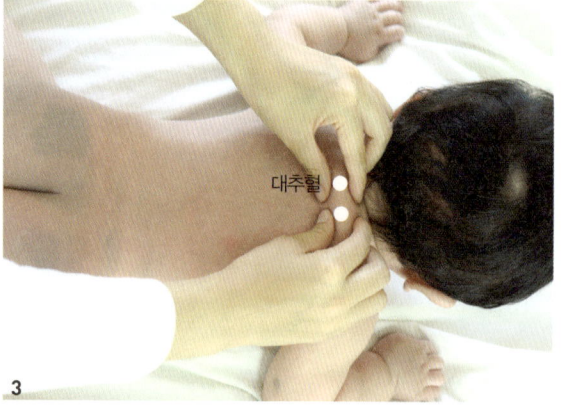

대추혈

방법
1) 허리 부근부터 목 뒤 부근(대추혈)까지인 척추 라인을 눌러준다.
2) 양 손가락으로 조금씩 잡고 놓기를 반복하면서 올라간다.

효과   오장육부 흩어진 기를 모아준다.
장기의 신경을 자극하여 면역력을 높여준다.

후승산혈 마사지

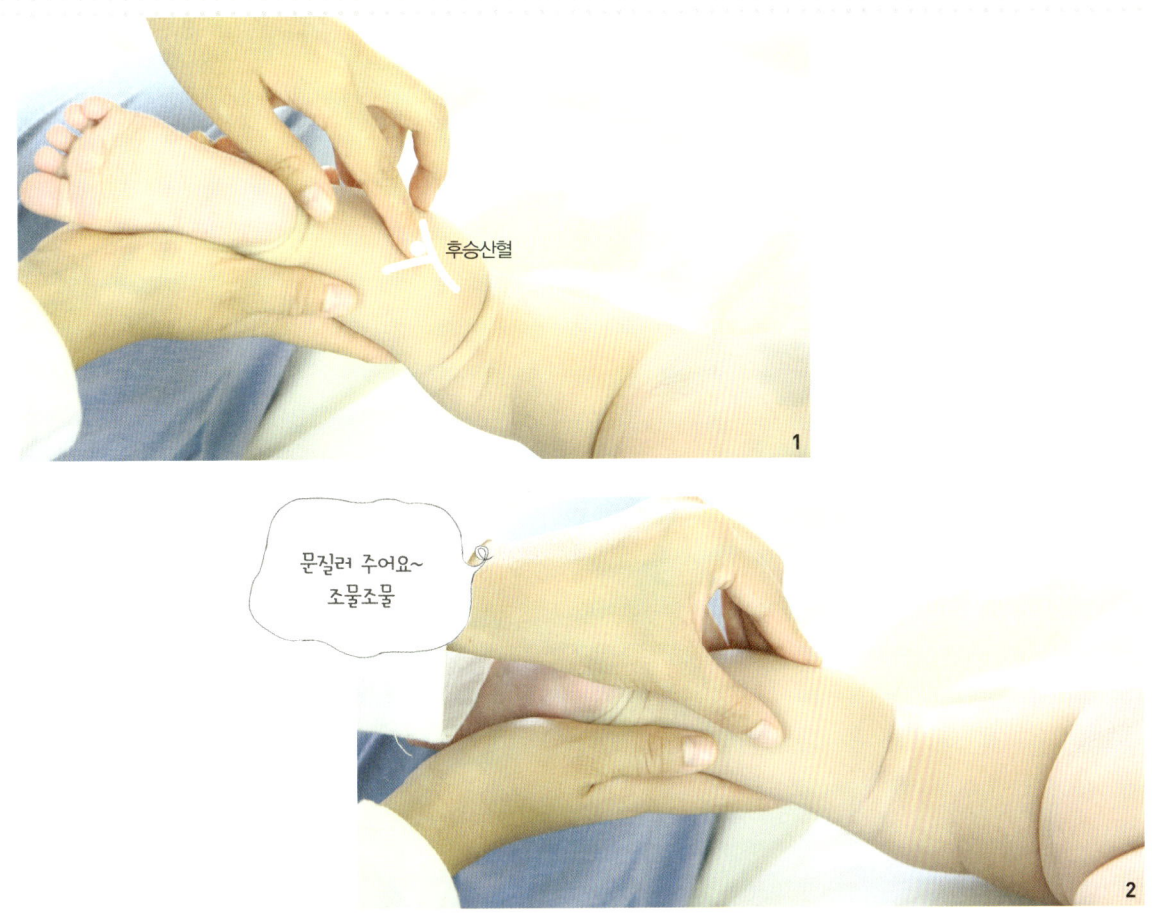

문질러 주어요~
조물조물

방법 1) 까치발을 들었을 때 생기는 종아리의 ㅅ자 갈라진 홈(후승산혈)을 눌러준다.
2) 손바닥을 이용하여 후승산혈 부근을 쓸어주듯 문질러 주거나 양손을 이용하여 주무른다.

효과 성장통을 예방할 수 있고, 경직된 근육을 부드럽게 풀어주는 효과가 있다.
한참 걷기 시작하거나 활동량이 많은 아이에게 효과적이다.

감.사.드.리.는.분.들

〈스포츠서울닷컴〉 2010년 하반기 브랜드대상 선정 스튜디오 부분 고객 만족 1위

우리 아이 첫 번째 브랜드 **사과나무 스튜디오**

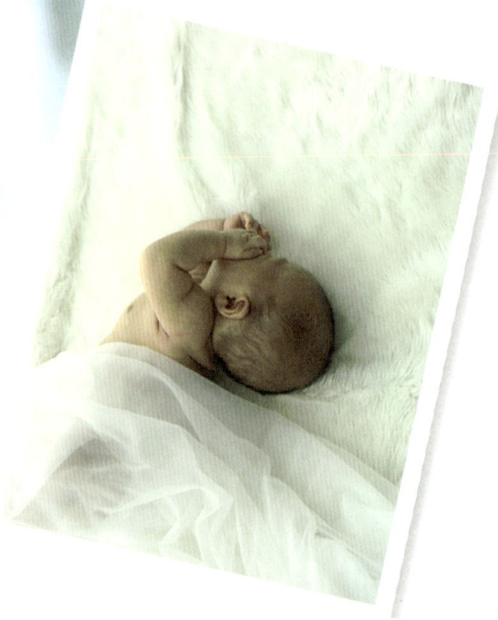

신비로운 아이의 탄생, 감동을 영원히 간직할 수 있는 최상의
베이비 스튜디오 브랜드 사과나무는 전국 16개 지점을 운영 중이다.
차별화된 VIP, VVIP 전략으로 고객의 만족도를 향상하고 있다.
고객의 편리한 서비스 이용을 위해 홈페이지를 통해
지역별 스튜디오 정보와 제휴사 할인 혜택정보를 제공함은
물론 만삭 무료촬영과 50일 무료촬영 신청도 함께 진행하고 있다.

www.iappletree.com / 02-2051-3822

사과나무 스튜디오는
사진 이상의 감동을 추구합니다.

우리 아이의 찰나를 간직하는
행복한 사진이야기

소중한 추억을 함께 만들어가는
따뜻한 사진이야기

역삼점 / 파주점 / 인천점 / 수원점 / 성신여대점 / 분당점 / 강서점 / 구리 남양주점 / 의정부점 / 태릉점
서대문 마포점 / 동탄점 / 천안 아산점 / 안양 평촌점 / 청주점 / 울산점

도.움.주.신.분.들

국제에듀평생교육원
www.prolife2.kr | 1688-1670

베이비 과정, 요가, 수공예, 바리스타 전문교육기관

국비지원 최고 100% 환급 가능

국제지식인협회
http://pro-life.co.kr | 02-823-0325

베이비 마사지, 부모교육, 성교육 전문교육기관

KBS, SBS, MBC 등에 다수 방영

아토후
http://www.atohoo.com | 02-2662-6844

한방특허성분이 함유된 민감성 피부개선 유아 화장품 브랜드

첫 구매 주문 시 비누 증정

마이마이
www.momscare.co.kr | 031-901-4451
유아용 유기농 화장품 호주 수입 브랜드
호주 여행 이벤트 등 다양한 이벤트 진행

에바비바
http://www.erbababy.co.kr | 1566-3903
아토피 등 민감한 피부 개선을 위한 명품 오가닉 스킨케어 브랜드
임산부 바디케어 용품, 립, 칙밤, 풋밤 증정 등 다양한 이벤트 진행

에티튜드
http://www.naturalattitude.co.kr | 1566-3903
식물성 원료로 만든 캐나다 대표 친환경 & 천연 화장품 기업
옥수수 천연섬유 기저귀, 베이비 워시 증정 등 다양한 이벤트 진행